CHIAKI SHIMADA
MAKEUP DRILL

嶋田ちあきのメイクアップドリル

SWEET⇔COOL
自由自在

THE BORDERS OF YOUR BEAUTY

CHIAKI SHIMADA

PERFECT MAKEUP METHOD

"かわいい"から"かっこいい"まで。

ボーダーラインを越えて、新しい自分と出会うために

女性は誰もが、内面に"かわいい"と"かっこいい"のふたつの魅力を併せ持っているものです。僕がいう**"かわいい"**は、女性らしさやかわいさで、**"かっこいい"**は、タフさや潔さといった男性性のこと。内に秘めたそれぞれが、表情や立ち居振る舞いで見え隠れすることが、その人の魅力につながっていると思うのです。でも、そのふたつの魅力を、それぞれメイクアップで補えたらどうでしょう。きっと表情はもっと豊かになるし、多くの人を惹きつける**多面的な魅力**を持った女性になれると思います。シーンや相手に合わせて、女性らしさや愛らしさ、知的でマスキュリン、クールでモードな印象をメイクアップで後押しするだけ。

この本で伝えたいのは、自分の魅力の可能性、伸びしろを引き出すメイクアップのコツです。最初に、顔の中にどれだけ丸みを帯びた曲線が多いか、まっすぐな直線が多いかを分析してみてください。曲線が多ければ多いほど、"かわいい"し、直線が多ければ多いほど"かっこいい"。このシンプルな定義に、**色×形×質感**のルールを掛け合わせて、バランスを変えていくだけ。複雑そうに聞こえるかもしれませんが、実はとてもシンプル。今まで自然にやってきた人も多く、「たれ目の女性が、たれ目が嫌だからと目尻を引き上げるようにラインを入れていた」、たとえばそんなことなのです。自分がやっていたメイクアップが正しかった、あるいは間違っていた、そんなことも明確にわかるはずです。

メイクアップのボーダーライン、言い換えればメイクによって変わる**自分の可能性**を自分で狭めてしまうことは、自分の美しさも、ライフスタイルや生き方までも、新たな可能性の芽を、自ら摘んでしまっているのと同じこと。自分で決めた**ボーダーラインを越える**こと

で、本当の自分らしさに気づくのでは？と思います。とくに若い世代なら、ボーダーラインを軽々越えて、いろいろな自分、新しい自分を発見してほしい。そのために役立つのがメイクアップというツールです。

自分の**内側**にある"かわいい"と"かっこいい"をメイクアップで少しずつ引き出してみる。ヒールを履けばエレガントな気分でいられるように、それだけで気持ちはもっと**解放**されるし、**新しい自分の魅力**に、きっと出会うことができると思うのです。

嶋田ちあき

CHIAKI SHIMADA
MAKEUP DRILL　嶋田ちあきのメイクアップドリル

INDEX

CHAPTER 1

DISCOVER THE MANY FACES OF YOUR BEAUTY　06
本当の"きれい"とまだ出会っていないすべての女性のために

SWEET:COOL 8:2	SWEET:COOL 7:3	SWEET:COOL 5:5	SWEET:COOL 3:7	SWEET:COOL 2:8
素の顔に"かわいい"を3割盛ったら、少女のように可憐なピュア顔、発見！	クールな色気と顔立ちに縦長印象＋で、誰からも愛される、淑女風モテ顔に	小悪魔風ライン＋赤リップで立体感のある顔立ち操作で、MG宣言を	光を操作して立体感を強調すれば7割"かっこいい"の存在感きりり	10割クールなアイメイクでロックなモードも自由自在

自分の顔の"かわいい"と"かっこいい"を探して　　　　　　　　　　　　　　18
"かわいい"と"かっこいい"のリミックスで、印象操作は自由自在　　　　　20
嶋田流・顔診断　顔の印象を決める条件。見極めのセオリーをレッスン　22
かわいい？　かっこいい？　あなたの顔を診断します　　　　　　　　　　26

CHAPTER 2

HIGHLIGHT YOUR MAKEUP　28
"かわいい"と"かっこいい"のポイントメイクをマスターしよう

かわいい目をつくるアイカラーテク
SWEET EYE MAKEUP TECHNIQUES × EYE COLOR　30
かっこいい目をつくるアイカラーテク
COOL EYE MAKEUP TECHNIQUES × EYE COLOR　38

かわいい目をつくるアイライナーテク
SWEET EYE MAKEUP TECHNIQUES × EYE LINER　32
かっこいい目をつくるアイライナーテク
COOL EYE MAKEUP TECHNIQUES × EYE LINER　40

かわいい眉をつくるアイブロウテク
SWEET EYE MAKEUP TECHNIQUES × EYEBROWS　34
かっこいい眉をつくるアイブロウテク
COOL EYE MAKEUP TECHNIQUES × EYEBROWS　42

かわいい目をつくるアイラッシュテク
SWEET EYE MAKEUP TECHNIQUES × EYELASHES　36
かっこいい目をつくるアイラッシュテク
COOL EYE MAKEUP TECHNIQUES × EYELASHES　44

CHIAKI'S VOICE　COLUMN 1　「色」で見つける"かわいい"と"かっこいい"　48

かわいい目をつくるつけまつ毛テク
SWEET EYE MAKEUP TECHNIQUES × FALSE EYELASHES　50
かっこいい目をつくるつけまつ毛テク
COOL EYE MAKEUP TECHNIQUES × FALSE EYELASHES　52

CHIAKI'S VOICE　COLUMN 2　「形」から見つける"かわいい"と"かっこいい"　56

かわいい頬をつくるチークテク
SWEET MAKEUP TECHNIQUES × CHEEKS　58
かわいい唇をつくるリップテク
SWEET MAKEUP TECHNIQUES × LIPS　60

かっこいい頬をつくるチークテク
COOL MAKEUP TECHNIQUES × CHEEKS **62**

かっこいい唇をつくるリップテク
COOL MAKEUP TECHNIQUES × LIPS **64**

CHIAKI'S VOICE　COLUMN 3　"かわいい"顔はどこまで"かっこいい"顔になる？　**68**

CHAPTER 3

THE PERFECT MAKEUP BASE **70**
肌づくりにも"かわいい"と"かっこいい"の絶対ルールが存在していた

ベースメイクで失敗しない基本動作をレッスン！　**72**
"かわいい"も"かっこいい"も！　肌印象に大きく差がつく下地の上手な使い方　**74**

かわいい肌をつくるリキッドファンデテク
SWEET BASE MAKEUP TECHNIQUES × LIQUID FOUNDATION **76**

かっこいい肌をつくるパウダーファンデテク
COOL BASE MAKEUP TECHNIQUES × POWDER FOUNDATION **82**

かっこいい肌をつくるリキッドファンデテク
COOL BASE MAKEUP TECHNIQUES × LIQUID FOUNDATION **78**

かわいい肌をつくるコンシーラーテク
SWEET BASE MAKEUP TECHNIQUES × CONCEALER **84**

かわいい肌をつくるパウダーファンデテク
SWEET BASE MAKEUP TECHNIQUES × POWDER FOUNDATION **80**

かっこいい肌をつくるコンシーラーテク
COOL BASE MAKEUP TECHNIQUES × CONCEALER **86**

CHIAKI'S VOICE　COLUMN 4　質感で"かわいい"と"かっこいい"は操作できる？　**88**

CHAPTER 4

MAKE-OVERS TELL A STORY **92**
嶋田さん！　私たちの魅力を200%引き出すコツ教えてください

3人の読者が挑戦、かっこかわいいのベストバランスに改善！　**94**

CHAPTER 5

ALL ABOUT CHIAKI'S MAKEUP **100**
嶋田ちあきの"メイクの目"にクローズアップ

嶋田ちあきの仕事　**102**
嶋田ちあき × 濱田マサル　TOP ARTISTS BEAUTY TALK　**106**
CHIAKI'S名品美術館　嶋田ちあきの生涯コスメ　17の秘密　**112**

DISCOVER THE MANY FACES OF YOUR BEAUTY

本当の"きれい"とまだ出会っていない
すべての女性のために

顔の中に潜んでいる"かわいい"要素と"かっこいい"要素を
最大限に引き出してくれるのが嶋田さんのメイク理論。
たとえば、"かわいい"イメージが8割を占めるメイクと
"かっこいい"が2割占めるメイク。あるいはその反対の比率で
どれだけ変化して見えるのか。まずは、一人のモデルが
"かわいい"から"かっこいい"まで、嶋田マジックで5つの全く異なる顔に
変身する実験から。嶋田ちあきのメイクアップドリルのスタートです。

SWEET:COOL 8:2
素の顔に"かわいい"を３割盛ったら、少女のように可憐なピュア顔、発見！

目もとはノーライン、パールピンクで涙袋をふっくら。
コーラルピンクのチークでフラットな顔立ちに仕上げたら、
あっという間にキュートなベイビーフェイスが誕生。
"かわいい"メイクの３割増しで、自分史上最高"かわいい"と遭遇。

SWEET:COOL 7:3
クールな色気と顔立ちに縦長印象＋で、誰からも愛される、淑女風モテ顔に

グリーンでフレッシュに目もとを彩り、隠しラインを入れて生き生きとした印象に。チークはきれいなお姉さん風に縦長に描き入れて、"かっこいい"のベクトルへシフト。その分、唇を甘くピュアに彩って"かわいい"を強調すれば、淑女風モテ顔の完成です。

SWEET:COOL 5:5
小悪魔風ライン＋赤リップに
立体感のある顔立ち操作で、MG(モダンガール)宣言を

まぶたのペールブルー＆小悪魔風切れ長ラインで
クールダウン、さらにハイライトで骨格を掘り起こして
"かっこいい"をキープ。まあるくぽってり彩った
赤リップで"かわいい"を死守したら、
モード系ガーリーフェイスが誕生。

SWEET:COOL 3:7
光を操作して立体感を強調すれば
7割"かっこいい"の存在感きりり

しっとり艶やかな光を肌に足して立体感を強調、目もとをブラウンゴールドで切れ長風に彩れば"かっこいい"が2割増し。唇は"かっこいい"ボルドーを"かわいい"輪郭でちょい甘に。こなれ感のある、できる女風を気取って

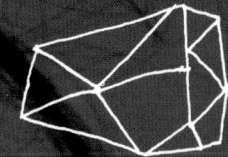

SWEET:COOL 2:8
10割クールなアイメイクで
ロックなモードも自由自在

立体感のある顔立ち操作に、スモーキー＋グリッターの
横幅出しアイメイクと、100%"かっこいい"で
まとめた目もとまわり。サーモンベージュの唇の山を
フラットに、ヌケをつくったロックテイストな顔なら、
ブラックやレザーのモードなアイコンも余裕で掌握。

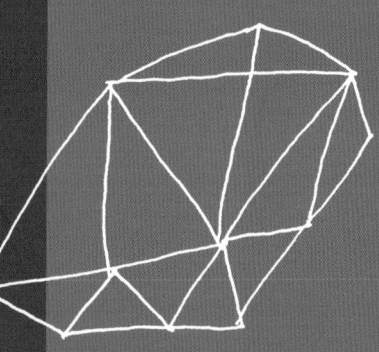

自分の顔の"かわいい"と"かっこいい"を探して

What is Sweet?

丸顔たれ目は"かわいい"の絶対条件！

鏡をよく見てください。誰の顔の中にも"かわいい"要素と"かっこいい"要素が共存しているものです。**どこがかわいくて、どこがかっこいい**のか。どこを見て、どう判断したらいいのか。そのルールさえ覚えたら、自分の顔の真の魅力に気付くはず。そうすれば、あれこれとメイクアップで悩むこともなくなるし、その時の気分やシチュエーションによって、自由自在にいくつもの顔を演出することが可能です。

では"かわいい"要素とは？　たとえばフラットで丸い形や**曲線**、柔らかいパステルピンクが持つイメージなどがそう。ベイビーフェイスの女の子がいつまでもかわいく見えるように、丸いシェイプは愛らしく見えるし、鼻が小さいフラットな顔立ちの人も幼く、そしてかわいく見えるものです。自分の顔の中にある**"かわいい"要素**を探してみるとよくわかります。

顔型はラウンド、鼻の付け根がフラット、頬骨がはっていない、小さく短い鼻、丸い小鼻、丸い目、黒い大きな瞳、山が丸くインカーブの唇、たれ目、といった曲線、または下降線を描くパーツ、白い肌、

ふわっとマット系の質感も"かわいい"のサイン。これらの要素が多い顔ほど、"かわいい"印象は強く、幼く見えます。

切れ長&オークルスキンは圧倒的に"かっこいい"!

逆に"かっこいい"要素とは?
たとえば、面長、エラがはったシャープなフェイスライン、通った鼻筋、頬骨がはった立体的な顔立ち、切れ長の目、一重、奥二重、唇の山がくっきり鋭角的で、山から口角にかけてのラインがアウトカーブ、ツヤ肌、オークルスキンなど。**直線的**、鋭角的、ダーク、ツヤ感、そして上昇線を描くパーツなど、これら**"かっこいい"要素**が多いほど、大人っぽい、あるいは知的といった"美人"の印象を与えます。髪や眉の色が黒いのも、"かっこいい"を演出しやすい条件なんですよ。
ちなみに、女性なら誰もが憧れる、ぽってりと厚みのある唇は、じつはメイク次第で"かわいい""かっこいい"のどちらにも応用が可能なセクシーな要素なんです。そしてまつ毛も、長いほうが応用が効く要素です。
こんなふうに、"かわいい"、"かっこいい"を操るテクニックさえ身につければ、自分の思い通りのイメージの顔ができあがる。みなさんのメイクの可能性をもっともっと広げて欲しいですね。

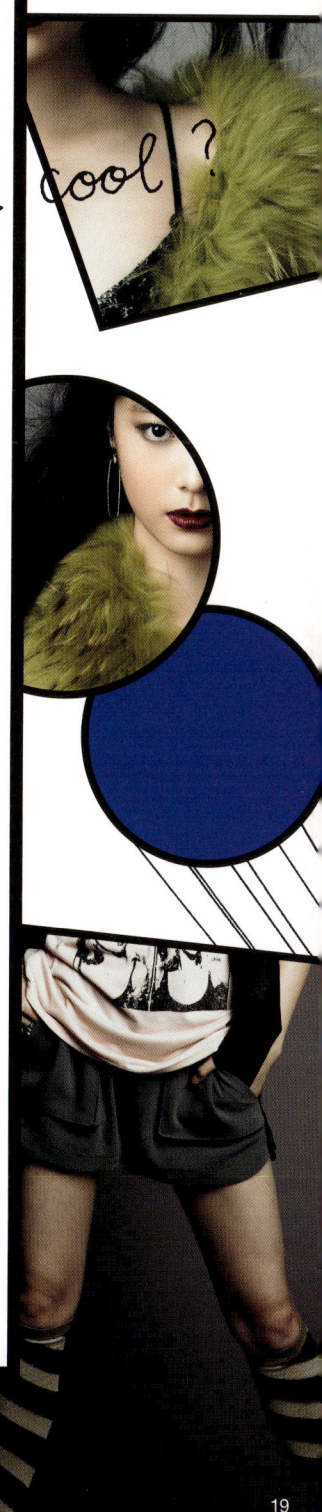

what is cool?

"かわいい"と"かっこいい"のリミックスで、印象操作は自由自在

顔の中に存在する"かわいい"と"かっこいい"の要素を、メイクアップで簡単にバランス操作。もともと"かわいい"と"かっこいい"が5:5で共存するモデルの顔を例に、がらりとイメージが変わる「嶋田流リミックス・テクニック」のコツを解説します。

5:5のハーフ顔をチーク効果でスイートに演出

顔の中にある"かっこいい"要素を3割アップで"かわいい"に変えたのが、このメイク。一番のポイントがチーク。顔がフラットに見えるよう丸く大きく入れて幼い印象に。まぶたのアイシャドウも1色でフラットに、目頭にもハイライトを。そうすると、鼻が低く、子供のような顔立ちに。色もにごりのない色を使うのがポイントです。

素顔は"かわいい"&"かっこいい"が同率

まず、モデルの素顔を分析。輪郭は卵型で、エラがはっているから"かっこいい"系。鼻は付け根が低く短いのと、唇も小さいから"かわいい"系。逆に目は縦の幅があるけれど上昇カーブを描く切れ長なのと、眉が太い、肌色もオークルトーンだから"かっこいい"系。トータルすると、"かわいい"と"かっこいい"がちょうど5:5で共存するハーフ顔ということ。

くすみのないヘルシーカラーで"レディ"顔に

にごりのないペールグリーンをまぶたに彩ると、はつらつとしたヘルシーな印象に。目の形通りにラインは入れているけど、操作なし。まつ毛をマスカラで縦に広げて丸い目の印象にすれば、5:5のバランスのまま。チークは中央からサイドに縦長に入れて締めて、"きれいなお嬢様"風に。これが"かっこいい"の1割増しのポイントテクニック。

100%クールな目もとに甘リップで淑女風

肌に"かっこいい"の鍵、ツヤを与えて立体感を強調。目もとは、上品な影を生むベージュゴールドのベーシックカラーをベースに、上昇カーブを描くラインで切れ長風に彩って、"かっこいい"濃度を2割増強。"かっこいい"ダークなボルドーリップは、唇の山をわずかに丸く描いて"かわいい"印象をプラス。3：7の"かっこいい"淑女顔が完成！

小悪魔風アイメイクと赤口紅の最強バランス

マットなブルーをまぶた全体に、まつ毛をくっきり"かわいい"に仕上げる。黒のラインで小悪魔風に切れ上げ"かっこいい"をプラス。チークはハイライトで立体感を強調した"かっこいい"に。もともと"かわいい"唇を、マットな赤リップでさらに強調。全体バランスをトータル5：5に。パーツごとにも"かわいい"と"かっこいい"の案配を変えてます。

囲みスモーキーアイでマスキュリンに

典型的な"かっこいい"スモーキーカラーで囲んだ目もとは、楕円形に色を広げて、さらにグリッターの光を重ねてヌケ感を確保。下まぶたにはスモーキーカラーをぼかして、まつ毛で色気をキープ。目もとは100%"かっこいい"印象だけど、彩るフォルムや輝きでパンチをセーブしてます。ノーチーク＆ベージュリップで素のかわいさ2割キープです。

SWEET or COOL?

かわいい？ かっこいい？
顔の印象を決める条件。見極めのセオリーをレッスン

自分の顔は、"かわいい"要素が多いのか、それとも"かっこいい"要素が多いのか。ふたりのモデルの顔を例に、目鼻、唇、輪郭、肌色の4つのポイントから分析。"かわいい"と"かっこいい"のバランスを見極めるレッスン、開講します。

profile
1
ERIKA

モデルは、卵型のフェイスに"かわいい"要素100％の目もと、眉間の広さやフラットな鼻、スキントーンも"かわいい"系。唯一"かっこいい"のが、エラのはったシャープな輪郭。立体感を意識した"かっこいい"メイクの足し算で、イメージはがらりと変化する可能性あり。

SWEET or COOL?

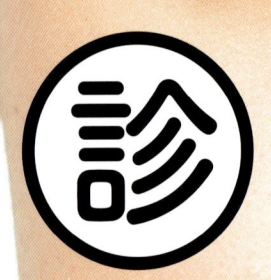

顔診断

profile
2
ANNA

縦幅のある大きな目は"かわいい"し、唇はセクシーだけど口角が上がっているからどちらかといえば"かわいい"系。ただし、エラのはった面長ベースの輪郭と、上昇カーブを描いた目、太く直線的な眉や通った鼻筋、オークルスキンなどから、"かっこいい"強し！の顔立ち。

DIAGNOSE

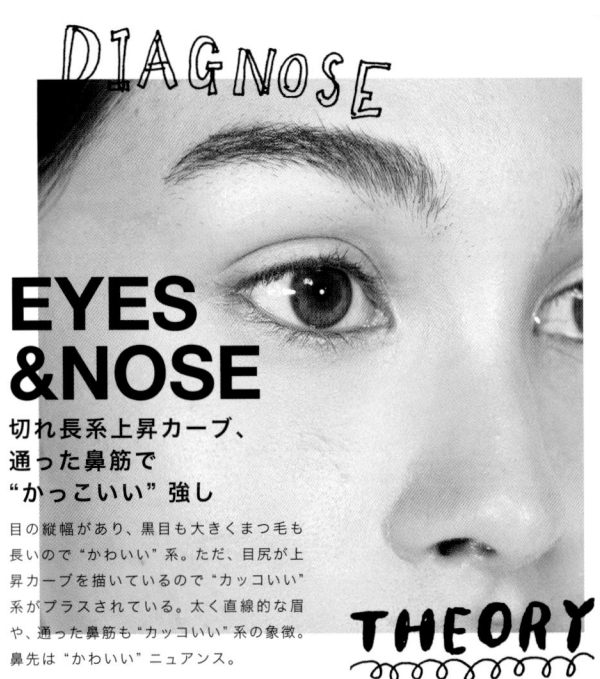

EYES &NOSE
切れ長系上昇カーブ、通った鼻筋で"かっこいい"強し

目の縦幅があり、黒目も大きくまつ毛も長いので"かわいい"系。ただ、目尻が上昇カーブを描いているので"カッコいい"系がプラスされている。太く直線的な眉や、通った鼻筋も"カッコいい"系の象徴。鼻先は"かわいい"ニュアンス。

BEAUTIFUL!

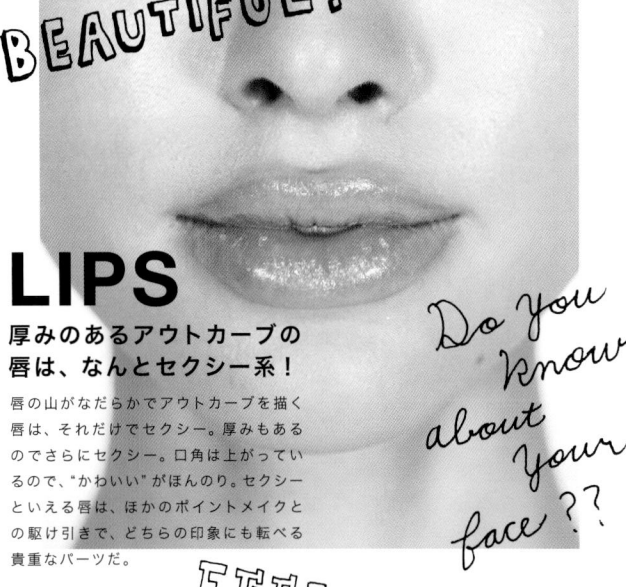

LIPS
厚みのあるアウトカーブの唇は、なんとセクシー系!

唇の山がなだらかでアウトカーブを描く唇は、それだけでセクシー。厚みもあるのでさらにセクシー。口角は上がっているので、"かわいい"がほんのり。セクシーといえる唇は、ほかのポイントメイクとの駆け引きで、どちらの印象にも転べる貴重なパーツだ。

Do you know about your face??

THEORY

↑↑ LOOK

SHAPE
面長&エラ効果で、"かっこいい"クールビューティ

鼻が長く、あご先がシャープでエラもしっかりあるので、だんぜん"かっこいい"系。とくに顔の下半分が"かっこいい"が強く、メリハリを強調することでモード系美人になりやすい。逆に立体感を消し、フラットなメイクをすると"かわいい"顔にシフト。

FEEL GOOOOD!

COLOR
"かっこいい"印象になりやすいオークルスキン

黄味がかったダーク系のオークルスキンは、日本人に比較的多い肌色。もともと影をつくりやすいスキントーンなので、ツヤを与えてメリハリを出すだけで、ぐんと"かっこいい"系、あるいは大人っぽい印象にシフトできる。

結論 ⇩ ⇩
かわいい3:かっこいい7のバランス

Diagnose your face

かわいい？ かっこいい？
あなたの顔を診断します

Check your condition

自分の顔はかっこいい系？ それともかわいい系？ 顔診断BOXの項目にそれぞれ☑を つけてみよう。自分の顔の各パーツ、また、全体の印象を、かっこいいとかわいいの比率で分 析すれば、メイクアップの可能性を引き出すヒントになる。自分の顔の特徴が理解できれ ば、メイクアップでの印象操作も自由自在。たとえば、T.P.O.に合わせて、"今日はかっこいい 2割増しのアイメイクに""今日はデートだから、かわいい3割増しメイクで"といった具合に。

TEST

あなたの顔のパーツを見て、当てはまるものにチェックしてください。
どちらかといえば、というほうでOKです。

Let's try !

	かわいい	かっこいい
Q1. ………	☐ 眉が薄い	☐ 眉が濃い
Q2. ………	☐ 眉が短い	☐ 眉が長い
Q3. ………	☐ 眉が下がっている	☐ 眉が上がっている
Q4. ……… 目頭に比べて	☐ 目尻が下がっている	☐ 目尻が上がっている
Q5. ………	☐ 目が丸いほうだ	☐ 目が切れ長のほうだ
Q6. ………	☐ 目が二重	☐ 目が一重・奥二重

	かわいい	かっこいい
Q7.	☐ 黒目が大きい	☐ 黒目が小さい
Q8.	☐ まつ毛が長い	☐ まつ毛が短い
Q9.	☐ 鼻が低い	☐ 鼻が高い
Q10.	顔のバランスの中で ☐ 鼻が短いほうだ	☐ 鼻が長いほうだ
Q11.	☐ 鼻先が丸い	☐ 鼻先が細い
Q12.	☐ 口が小さい	☐ 口が大きい
Q13.	☐ 唇が厚い	☐ 唇が薄い

Kawaii？
Kakkoii？

	かわいい	かっこいい
Q14.	上唇が ☐ インカーブを描いている	☐ アウトカーブを描いている
Q15.	☐ 口角が上がっている	☐ 口角が下がっている
Q16.	☐ 唇の山が丸い	☐ 唇の山がシャープ
Q17.	☐ どちらかといえば丸顔	☐ どちらかといえば面長
Q18.	☐ 平面的な顔立ち	☐ 立体的な顔立ち
Q19.	☐ あご先が丸い	☐ あご先がシャープ
Q20.	☐ エラがはっていない	☐ エラがはっている

Check！
Check！
Check！

診断

20項目のうち、かわいいとかっこいい、それぞれにいくつチェックしたか数えてください。
それぞれの個数に0.5を掛けた数があなたの顔の比率になります。
たとえば、かわいいに4個、かっこいいに16個チェックしていたら、
かわいい：かっこいいの比率が2：8の顔、ということになります。

HIGHLIGHT YOUR MAKEUP

"かわいい"と"かっこいい"の
ポイントメイクをマスターしよう

くりっとした丸く"かわいい"目をつくる？
それとも切れ長シャープな"かっこいい"美人系？
チークは丸く？　シャープに？　自分の顔をキャンバスに、
"かわいい"と"かっこいい"のテクニックを操作するだけ。
縦横無尽に広がる自分磨きの第一歩、はじめよう。

SWEET EYE MAKEUP TECHNIQUES × EYE COLOR

かわいい目をつくる
アイカラーテク

**色と質感の操作でまぶたをふっくら見せることもできるアイカラー。
さらに、フォルムを丸くデザインし、"かわいい"目に仕上げます。**

1

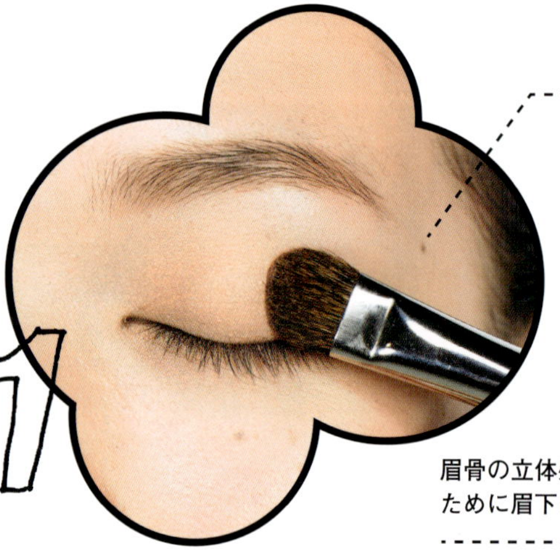

アイホールは腫れ色で ふっくら丸いフォルムに

bでアイホール全体に**a**の左上の色を。ふっくら見せる効果のある赤みのある色で、凹みを平坦に。黒目の真上はアイホールの2mm上までぼかし、目を丸く見せる。

2

眉骨の立体感を弱めるために眉下にはマット

cのピンクベージュを眉下に。パールの効いた光る色は凹凸が出るのでNG。ナチュラルに仕上げるなら、ここにアイラインとマスカラを加えればフィニッシュ。

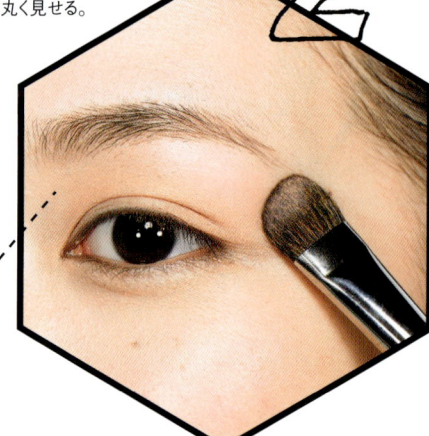

MORE ITEMS

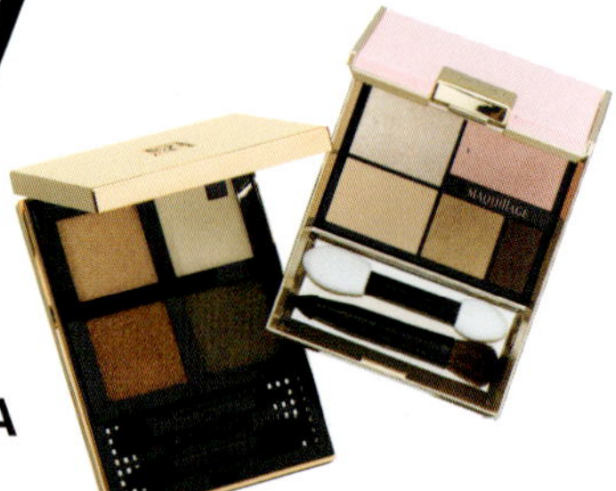

A　B

腫れて見える赤みを利用し、まぶたの凹みをフラットに

「まぶたの凹みには腫れぼったく見せる効果のある赤みのある色を選んで立体感を操作」。**A**輝きが違うブラウン系の4色入り。ピュア クロマティックス No.8 ¥7245／イヴ・サンローラン・ボーテ　**B**自然な陰影が、目を大きく見せる。マキアージュ トゥルーアイシャドー PK363 ¥3675（編集部調べ）／資生堂

※メイクテクニックページの中のITEMSは、写真のメイクを仕上げるために使用したアイテム、MORE ITEMSは、テクニックを応用する場合におすすめするアイテムのことです。

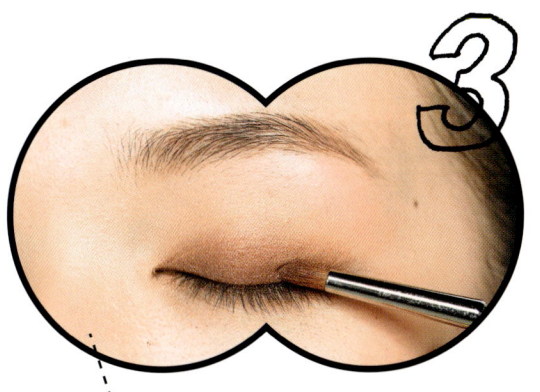

キワに細く締め色を入れ、中央が太くなるようぼかす

eで**d**の右上の色をまつ毛のキワにのせ、5mm幅までぼかす。はじめに、中央にのせて左右に色を広げ、黒目の真上が一番太く、濃くなるように陰影を出していく。

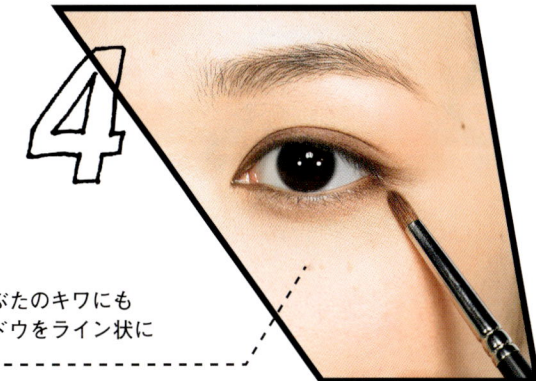

下まぶたのキワにもシャドウをライン状に

3で使った**d**の右上を下まぶたのまつ毛キワ全体に。**3**のシャドウよりも軽めに入れ、下まつ毛の影のように見せる。黒目の真下が一番濃くなるように意識して。

ITEMS

a 透明感のあるシアーなオレンジが入ったブラウン系パレット。4色をレイヤードしても透けるようになじみ、重くならない。4D アイパレット 08 ¥6300／THREE

b 丸い筆先がアイホールにぴったりフィット、ムラづきせずにキレイに色がのせられる。柔らかい毛で肌当たり抜群。アイシャドウブラシ（丸平）¥4830／ブリリアージュ

c マットな質感でなじみのいいピンクベージュ系のチークを眉下に使用。肌にふんわり溶け込むナチュラルな色づきが魅力。グローオン M 520 ¥2940／シュウ ウエムラ

d 濡れたような光沢を帯びたピーチブラウン系。レンガ色っぽい絶妙な締め色が大活躍。オープンアイルック シャドウ BR-4 ¥1260／メイベリン ニューヨーク

e コシのあるイタチ毛を使用したアイライン用ブラシはシャドウを細くライン状に入れたり、繊細にぼかすときにも便利。アイラインブラシ ¥2940／ブリリアージュ

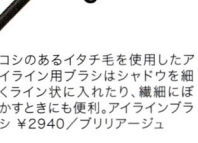

SWEET
EYE MAKEUP TECHNIQUES
✕ EYE LINER

> かわいい目をつくる
> アイライナーテク

まずは、効果絶大なインサイドラインの習得を。目尻ラインは緩やかに上昇させ、下ラインは「中央のみ」が"かわいい"の奥義。

1

インサイドとまつ毛の間を埋めて目ヂカラを上げる

まぶたを持ち上げ、まつ毛の下の粘膜に目尻～目頭に向かって**a**のジェルタイプでラインを。ひと息で引くとぶれにくいので思い切って。まつ毛の間も埋める。

2

まつ毛の上の重ねラインは中央から描くと失敗知らず

もともとの目が大きい人は、2～3の手順は省いてもOK。もっと目を大きく見せたい人は、1の上に太さ1mmのラインを。まずは、黒目の真上から描くと失敗しにくい。

3

2のラインの両サイドにフレーム幅までラインを描く

2で描いた黒目の中央ラインの両サイドを同じ太さで描く。2のラインの端から目頭と目尻まで、それぞれラインをつなげる。目尻側も目の幅まででいったんとめる。

MORE ITEMS

A　B

ペンシル派は黒の濃さ＆にじみにくさを吟味して

「にじまず、くっきり発色するものならOK」。**A**濃厚に発色し、インサイドもなめらかに描ける。マスターライナークリーミィペンシル BK-1 ¥840／メイベリン ニューヨーク **B**発色に優れ、仕上がりの持ちがよい。クレ・ド・ポー ボーテ スティロアイライナー 201 ¥5250／資生堂インターナショナル

目尻はまつ毛の長さ分、外に出し、自然に上げる

3の目尻からまつ毛の長さ分、外に出して、緩やかな上昇ラインを描く。先端がスウッと細くなるのが理想。目尻を跳ね上げると、よりガーリーに。

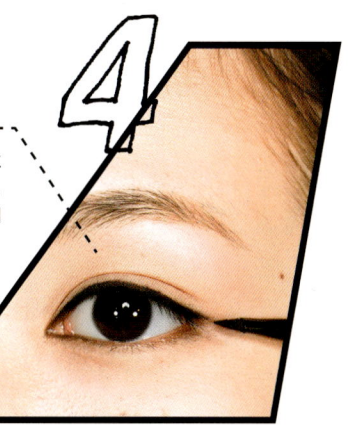

黒目の真下にのみブラウンでラインを描き、丸い目に

下まぶたはcで黒目の下にラインを。根もとを埋めるように、目のキワに細くラインを補うとまつ毛が濃くなったように見え、自然に縦幅を拡張できる。

finish

ITEMS

a つややかな黒が濃密に発色するジェルライナー。密着力が高く、にじみにくいのでインサイドラインにも。ロングウェア ジェルアイライナー 01 ¥2940／ボビイ ブラウン

b 適度なコシがあり、描きやすさ◎。先端がとがっているので、極細ラインも狙い通りに。ウルトラファイン アイライナー ブラシ ¥3150／ボビイ ブラウン

c ナチュラルなブラウンの発色が長時間にじまずに、色あせない。ディオールショーライナー ウォータープルーフ 788 ¥3045／パルファン・クリスチャン・ディオール

SWEET
EYE MAKEUP TECHNIQUES
✕ EYEBROWS

> かわいい眉をつくる
> アイブロウテク

ふんわりポワ〜ンとした印象の眉をつくる最大の鍵は、眉山のフォルム。山は角をとらず、丸いアーチに描くのが"かわいい"眉の大原則。

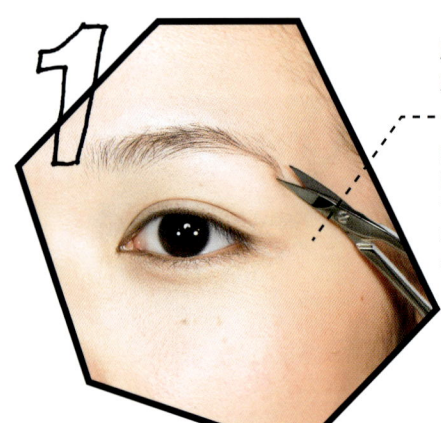

眉山を決めたら、眉山＆眉尻周辺の余分な毛をカット

指を頬の内〜外へすべらせ、頬骨の出っ張った部分を探し、そこからまっすぐ上がったところに眉山を設定。眉が長いと大人っぽくなるので眉尻の長い毛、眉山の外側の毛をカット。

眉の中を埋め、眉下のラインをアーチ型の曲線に

bを使ってaの左の色で中を埋めながら、眉下のラインをノーズラインからつながるような緩やかなアーチに形成。眉頭の間隔は離れるほど"かわいい"方向に。

MORE ITEMS

なじみのいい明るい色みがやさしげ眉を完成させる！

「やや明るめの赤みブラウンを選んでふんわり柔らかい仕上がりに」。A左の2色で色を調整し、右のパウダーで肌と眉をなじませる設計。バランシング アイブロウ 02 ￥6825／SUQQU
B眉の1本1本まで繊細に描ける細芯タイプ。眉毛の隙間を自然に埋められる。アイブロウライナーWP BR ￥2940／イプサ

3

眉上のラインは眉山の1cm内側からアーチを描き起こす

眉の上のラインは眉山の1cm内側（写真・右）までは直線。そこから眉尻までは山が丸くなるようアーチに。柔らかい眉にしたいので、全体をパウダーで描く。

4

ペンシルを使って眉山から眉尻に毛流れを足していく

眉尻は毛の量が少ないので、パウダーで描いたあと、**c**で毛流れを描き足していく。幼い印象に仕上げたいので、眉尻は短めでOK。長くならないよう注意して。

5

スクリューブラシでぼかし、ふんわり眉に仕上げる

眉頭から眉尻の方向に**d**のスクリューブラシを。眉全体をぼかし、濃すぎるところを薄くすることで、ふんわりとした眉に仕上がる。このひと手間を忘れずに。

ITEMS

a 粒子が細かく、粉落ちせずに眉に定着。色ムラなくぼかせるので柔らかい印象にも。ブロウパウダーデュオ ディープブロンド ¥3675／ローラ メルシエ

b 眉全体にふんわり色を入れてぼかすときにも、繊細に眉の輪郭を整えるときにも活躍するコシのある眉ブラシ。アイブロウブラシ ¥3675／ブリリアージュ

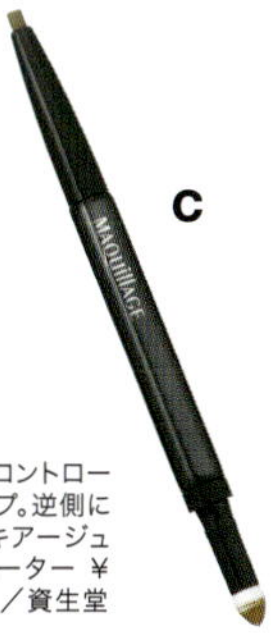

c 面を変えれば太さをコントロールできる楕円芯タイプ。逆側にはパウダーつき。マキアージュ ダブルブロークリエーター ¥3150（編集部調べ）／資生堂

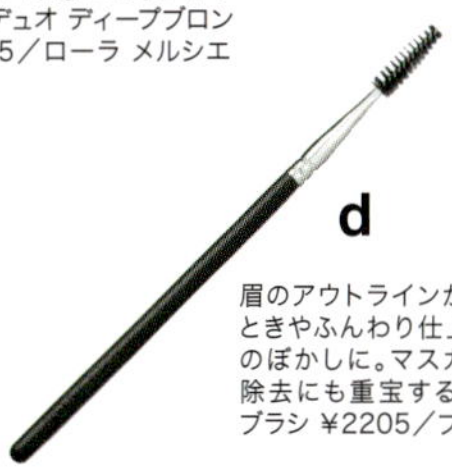

d 眉のアウトラインが整いすぎたときやふんわり仕上げたいときのぼかしに。マスカラのダマの除去にも重宝する。スクリューブラシ ¥2205／ブリリアージュ

finish

SWEET
EYE MAKEUP TECHNIQUES
× EYELASHES

かわいい目をつくる
アイラッシュテク

"かわいい"アイラッシュは、高さを出すのがポイント。根もとからきちんと上げて、中央を上下に伸ばすマスカラ使いで縦長アイが完成。

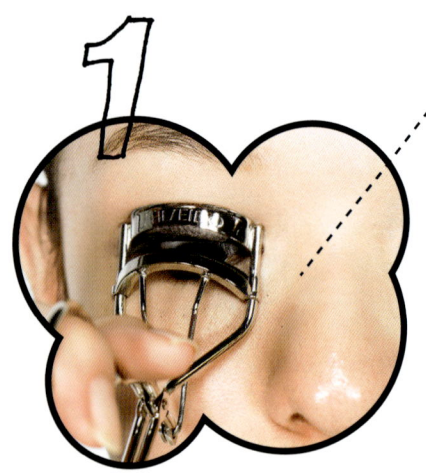

1 根もとからしっかり上げるビューラー使いがポイント

根もとから確実に上げたいときは、ビューラーの上の部分をまぶたに軽く押し当てるのがコツ。まぶたが少しめくれるので、そこにビューラーのゴムを当てて。

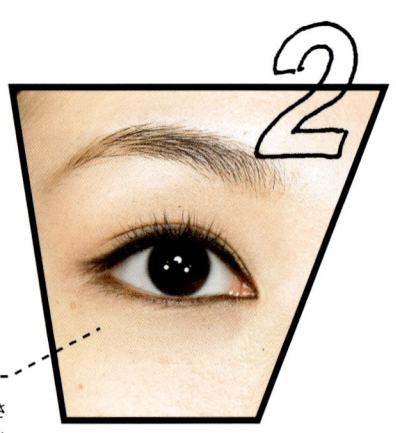

2 ぱっちり開いたお花のように放射状に広げる

上まつ毛全体をきちんとカールアップさせる。目頭から黒目の上はとくにしっかり。上がりきっていないなら、部分用ビューラーを駆使して、逃さず上げる。

3 マスカラをたっぷり塗って全体をボリュームアップ

上まつ毛全体に**b**のマスカラをくまなく塗布する。拾いにくい目頭や長さの短い目尻のまつ毛まですくい上げ、1本1本をきちんとボリュームアップさせる。

MORE ITEMS

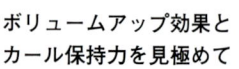
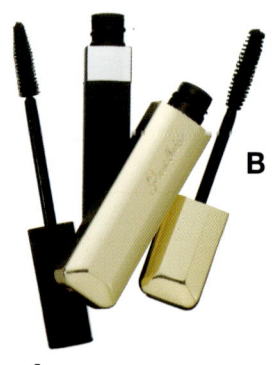

ボリュームアップ効果とカール保持力を見極めて

「しっかりカールしたふさふさのまつ毛にしたいので、カールキープ力を備えたボリュームタイプを」。**A**根もとから1本1本包み込んでボリュームアップ。イニミタブル エクストレム 10 ¥4200／シャネル **B** 根もとは太く毛先は細い、濃密なまつ毛に。シル ダンフェール 01 ¥4200／ゲラン

4

黒目の真上はマスカラを重ねて、目の縦幅を広げる

上まつ毛の中央は、マスカラをたっぷり重ねる。このとき、マスカラは縦に持ち、毛が起きるように上に押し上げて。黒目の上に高さを出して、丸い目に近づける。

5

下まつ毛にもマスカラをたっぷり塗布する

下まつ毛全体にしっかりマスカラを塗る。細い下まつ毛も1本1本を太くして、存在感をアップ。下方向にブラシでとかすように塗り、まつ毛を下向きに揃えて。

6

黒目の真下にもマスカラを重ねて、縦のラインを強調

最後にマスカラを縦持ちして、中央のみ、下に引っ張るように重ね、黒目の下に長さをプラスする。上下まつ毛の中央を縦に広げることで、目の形がさらに丸く！

finish

ITEMS

a まぶたの丸みにフィットするので、根もとから無理なく上げられる。しなやかで美しい曲線に。アイラッシュカーラー 213（替えゴム1コつき）¥840／資生堂

b くびれ形状のブラシがまつ毛に瞬時にボリュームを与え、カールアップ。ラッシュ クイーン セクシー ブラック WP 01 ¥4410／ヘレナ ルビンスタイン

COOL
EYE MAKEUP TECHNIQUES
✕ EYE COLOR

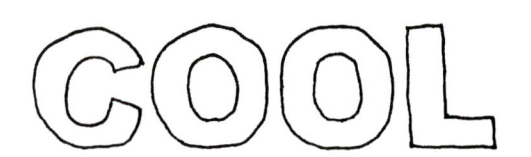

> かっこいい目をつくる
> アイカラーテク

まぶたの立体感をきわ立たせることこそ、"かっこいい"アイカラーの使命。
輝きの強い質感と凹み色を駆使して、メリハリのある目もとをつくります。

1
眉骨下にパール入りの ベージュでハイライトを

まずは、眉頭〜眉尻までの眉下全体に**b**で**a**の右の色を。輝きの強いパールベージュを太めのブラシでふわっとのせ、眉骨の出っ張りを強調し、立体的に。

2
スモーキーなベージュを アイホール全体にのせる

cのグレイッシュなベージュを**d**でアイホール全体に。1の光り色の影になるやや暗めの色を選んで。アイホールの膨らみに沿って、なぞるようになじませる。

3
陰影を強めるブラウンを キワに入れ、奥行きを演出

eの右のグレーがかったブラウンを目頭〜目尻まで、まつ毛キワ全体に。目頭側は細く、目尻側が太くなる楕円形にぼかすのが理想。目尻側をやや上げ気味に。

MORE ITEMS

強い輝きを放つ寒色系や 影色で立体感をアップ

"影色のグレーはもちろん、ベージュ〜ブラウン系の中でも黄みやスモーキー寄りの色ならクールに仕上がります"。**A**2種のゴールド入りで輝度の高い発色に。ケイト ゴールディッシュアイズ GD-1 ¥1680／カネボウ化粧品 **B**リッチな輝きを放つスモーキーなグレー。オンブル イプノ I202 ¥3150／ランコム

4

キラキラ輝く明るい色で
目の下＆目頭に光を集める

下まぶたの目頭〜目尻の5mm内側まで、e中央のパール入りのベージュをfで3mmのライン状に。さらに、目頭を囲むように、くの字型になじませる。

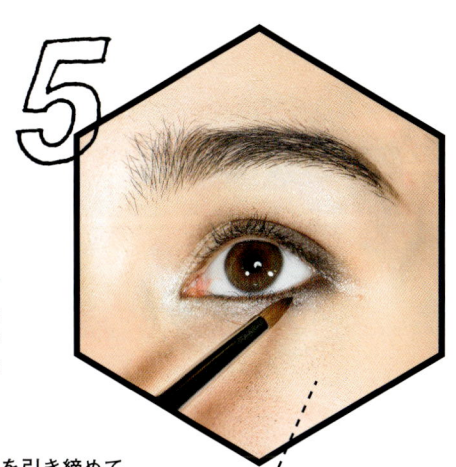

5

目尻側を引き締めて、
つり目フォルムを強調

3で使ったのと同じeの右の色を、4で色を塗らずに残した、目尻〜内側5mmまでの範囲に細くライン状にのせる。目尻から内側に向かって色をぼかす要領でなじませて。

ITEMS

a サテンの光沢とグリッターの輝きを帯びた2色とパウダーアイライナー入り。トワ クルール グロウ 651 ¥6090／パルファン・クリスチャン・ディオール

b ソフトな肌触りが心地いい厚みのあるブラシ。先端のカーブが眉骨周辺の凹凸にもジャストフィット。アイシャドウブラシ（丸平）¥4830／ブリリアージュ

c 数種のパールがきらめくライトベージュ。輝きのヴェールをまとったようにふわっと色づくルースタイプ。シマリング カラーヴェール 34 ¥3675／THREE

d 真円の先細ブラシは柔らかい灰リス毛を使用。繊細なルースタイプのアイカラーもふんわりのせられる。アイシャドウブラシ（尖）¥4410／ブリリアージュ

e 透明感のある発色で重くならないグレイッシュなブラウン。深みのある輝きが魅力。ケイト ジュエリーモードアイズ BR-2 ¥1470／カネボウ化粧品

f 狙ったラインがラクに描けるアイラインブラシはコシの強いイタチ毛を使用。キワの細いラインにも難なく対応。アイラインブラシ ¥2940／ブリリアージュ

finish

COOL
EYE MAKEUP TECHNIQUES
✕ EYE LINER

かっこいい目をつくる
アイライナーテク

目の形を操作するリキッドライナー使いが鍵。目の幅を横に伸ばし、目尻を上げ気味に描いて、切れ長フォルムに仕上がれば成功です！

1

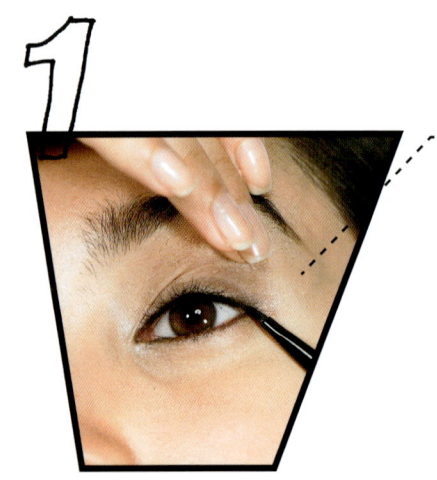

インサイドとまつ毛の隙間を埋め、フレームをくっきり

目尻から目頭までのインサイドラインを**b**を使い、**a**でいっきに埋める。下に鏡を置き、目線を下にしてまぶたを持ち上げると描きやすい。まつ毛の隙間も埋める。

2

目頭〜目尻の7mm手前までまつ毛上にラインを重ねる

cのリキッドライナーでまつ毛の上ギリギリに細くラインを加える。範囲は、目頭〜目尻の7mm手前まで。先端が細く、ぶれにくいフェルトタイプが描きやすい。

ITEMS

a くっきり濃い黒がかすれることなく発色するジェルタイプ。速乾性が高く、にじまない。ロングウェア ジェルアイライナー 01 ¥2940／ボビイ ブラウン

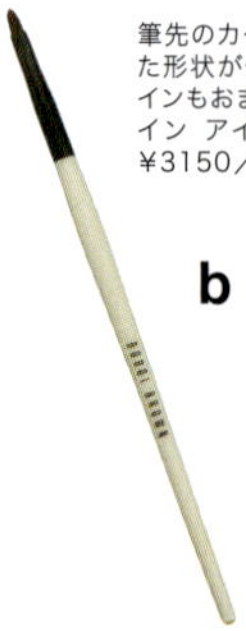

b 筆先のカーブと先端のとがった形状が使いやすい。極細ラインもおまかせ。ウルトラファイン アイライナー ブラシ ¥3150／ボビイ ブラウン

c 安定感がありぶれにくいフェルトタイプ。思い通りのラインが簡単に描ける。にじみにくく、落としやすい。リネ プリュム ¥3150／ランコム

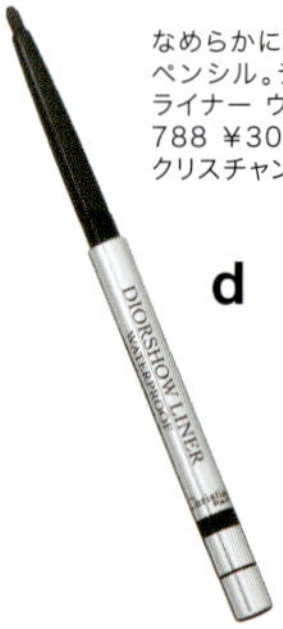

d なめらかに描けるブラウンのペンシル。ディオールショウ ライナー ウォータープルーフ 788 ¥3045／パルファン・クリスチャン・ディオール

3

自分の目尻より高い位置に目尻ラインの始点を設定

目を開けた状態で実際の目尻から1mm高い位置に目尻ラインの始点を決める。たれ目の人は1.5mm高く。そこから**2**につなげて、隙間は塗りつぶす。

4

目尻ラインの先端を自然に上げて切れ長アイに

3の始点から下まぶたのフレームの曲線の角度でまつ毛の長さ分、外に伸ばす。一番外側のまつ毛のように描くとマスカラを塗ったとき、自然に重なる。

finish

5

下ラインは外側のみ！横長フォルムを強調する

下まぶたのキワは、目尻～黒目の外側まで、**d**のブラウンのペンシルで下まつ毛の間を埋める。下は外側にだけラインを加えて、横長の目の印象をきわ立たせる。

MORE ITEMS

線がぶれず、なめらかに描ける先細タイプが◎

「筆先が細く適度なコシのあるものを選んで」。**A**細く短い筆先で安定感抜群。エスプリーク リキッドアイライナー BK001 ¥1890（編集部調べ）／コーセー　**B**太さの調節がラクラク。コフレドール ブラックキープライナーWP（スタンダード）BK-34 ¥2415（編集部調べ）／カネボウ化粧品

A
B

COOL
EYE MAKEUP TECHNIQUES
✕ EYEBROWS

かっこいい眉をつくる アイブロウテク

眉は効果的に骨格をきわ立て、立体感を強調できる重要パーツ。まずは、眉山の位置を正し、山を直線的に描くのが"かっこいい"眉の肝。

ITEMS

a パウダーの粒子が細かく、粉飛びせずに眉にしっかり定着する。ぼかしやすさも◎。ブロウパウダーデュオ ディープブロンド ¥3675／ローラ メルシエ

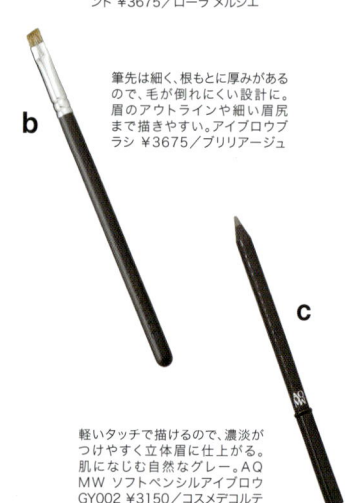

b 筆先は細く、根もとに厚みがあるので、毛が倒れにくい設計に。眉のアウトラインや細い眉尻まで描きやすい。アイブロウブラシ ¥3675／ブリリアージュ

c 軽いタッチで描けるので、濃淡がつけやすく立体眉に仕上がる。肌になじむ自然なグレー。AQ MW ソフトペンシルアイブロウ GY002 ¥3150／コスメデコルテ

1
顔の立体を美しく見せる正しい位置に眉山を設定

頬を内から外に指をすべらせるように触り、頬骨が出っ張っている場所を探す。その真上に眉山を設定したいので、ブラシを縦に置いて眉山の位置をチェック。

2
設定した眉山より外側の毛を残さずカットする

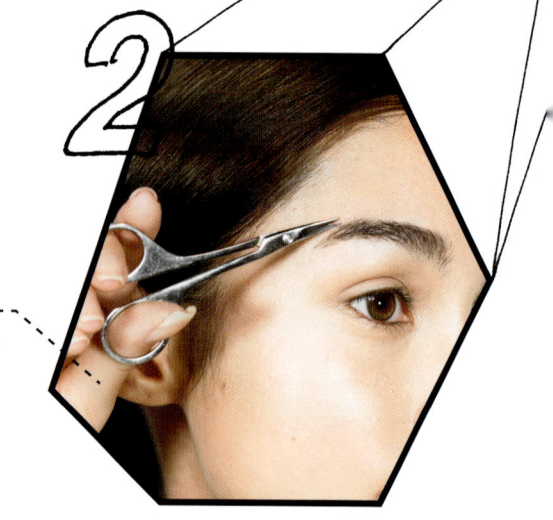

数本でも印象が変わるので、眉山の外側の毛はていねいにカット。この位置は、顔の正面と側面が変わるラインなので、ここに山をつくることで顔の立体がキレイに見える。

3

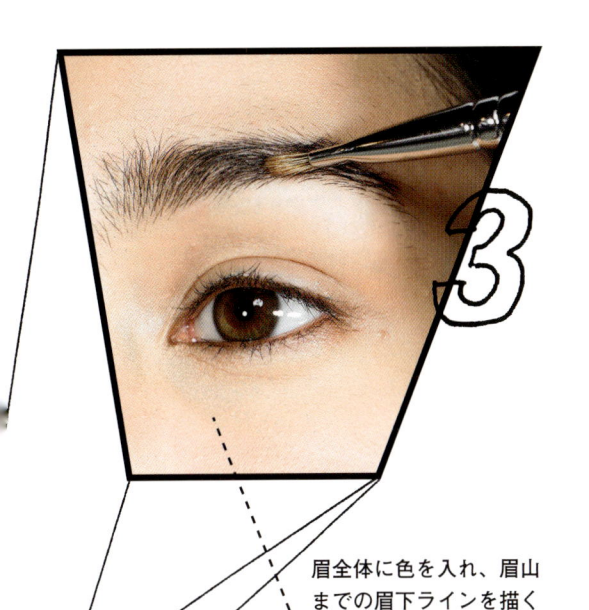

眉全体に色を入れ、眉山までの眉下ラインを描く

bを使ってaの左の色で全体に色を入れる。次に眉山までの眉下のラインを。眉頭の1cm外側〜眉山まで一直線に描き、眉頭の1cm外側〜眉頭へぼかす。

4

眉山〜眉尻をブラシで描き、最後にペンシルで微調整を

bのブラシにaの左の色をつけ直して、角度を変えて眉山〜眉尻まで描く。眉山はアーチにせず、角ばった形に。cで眉尻の毛流れを足し、先端を細く調整。

finish

MORE ITEMS

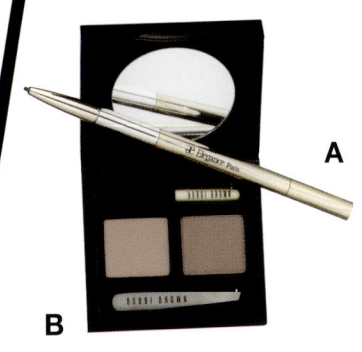

アッシュ系でアイテムを統一すればよりクールに

「2品ともアッシュ系のブラウンで揃えると、さらに大人っぽくなります」。**A** デリケートに毛流れを調整できる細芯タイプ。アイブロウ スリム GY15 ¥3990／エレガンス コスメティックス **B** 濃淡2色入りで自分の眉色に自然になじむ。ブラシ、毛抜き、拡大鏡までセット。ブローキット 01 ¥5250／ボビイ ブラウン

43

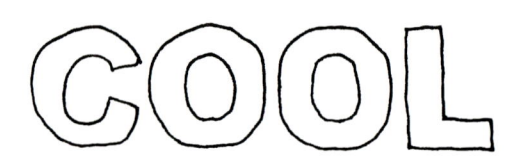

COOL
EYE MAKEUP TECHNIQUES
✕ EYELASHES

かっこいい目をつくる
アイラッシュテク

"かっこいい"アイラッシュの要になるのは、目尻寄りのまつ毛。
しっかり持ち上げ、長さを加えて広げれば、たちまち目幅が拡張します!

1

**目尻側のカールが重要!!
根もとからしっかり上げて**

まつ毛全体はナチュラルにカールがついていれば十分。ただし、目尻側だけはきちんと上向きにしたいので、**a**の部分用ビューラーで、根元から上げる。

2

**目尻側のみ重ね塗りで
まつ毛をワイドに広げる**

上まつ毛全体に**b**のロングラッシュ効果のあるマスカラを。さらに目尻だけ重ねて。目尻のまつ毛が斜め上方向に上がるようにブラシを抜いて、横幅を出す。

ITEMS

強調してしっかり上げたい部分や上げにくい目尻や目頭のまつ毛も逃さず確実に上げる。ミニアイラッシュカーラー 215(替えゴム1コつき)¥840／資生堂
a

まつ毛に液をたっぷりからませる液含みのいいブラシが特長。重ねるほどどんどん伸びる。ラッシュ クイーン セレブレーション WP 01 ¥4410／ヘレナ ルビンスタイン
b

MORE ITEMS

長いセパレートまつ毛が
切れ長印象をアップ♪

「ロングタイプで1本1本のまつ毛を伸ばし、ワイドに広げて」。**A**スラリと伸びる繊維入り。スマートラッシュ マスカラ BK10 ¥4200／エレガンス コスメティックス **B**セパレートした長〜いまつ毛に。ラッシュ パワー レングス マスカラ 01 ¥3675／クリニーク ラボラトリーズ

下まつ毛にはマスカラを縦持ちして、ていねいに

マスカラを縦に持ち、ブラシを左右に往復させて、下まつ毛にも液をしっかりつける。その後、縦持ちのまま、ブラシを下に動かし、1本1本を下向きに整える。

finish

SWEET
EYE MAKEUP

アイカラーは、ピュアな印象のペパーミントグリーンにチェンジ。レッスンを応用し、目頭から下のラインにはキラキラ輝くホワイトシャドウ、アイラインは目尻に跳ね上げを加え、ガーリー度をアップ。チークはクリアなピンクを丸く入れ、リップは淡いサーモンピンクに。白っぽさの入った膨張色を選ぶとグロスなしでもふっくら仕上がります。

COOL
EYE MAKEUP

目もとはレッスン通りの切れ長ライン＋シャドウに加えて、目頭にベージュゴールドのハイライトを下向きにのせたことで、目頭が下がり目尻が上がる、よりシャープなデザインに。立体感を強調した頬骨のハイライトとシェーディング、きちんと山をとった赤みがかったブラウンの艶やかなリップで目もとのシャープさを引き立てています。

CHIAKI'S VOICE

column 1

「色」で見つける"かわいい"と"かっこいい"

色を変えるだけで、印象はがらりと変化。嶋田さんが伝えたい「色の力」を知るヒント、語ってもらいました。

　P18で少し触れているけれど、"かわいい"と"かっこいい"の印象って、「色」で大きく操作できるんです。たとえば、ブルーやグレーといった寒色系はクールなイメージで、凹んで見えるから"かっこいい"系だし、ピンクやオレンジといった暖色系は温かいイメージで出っ張って見えるから、"かわいい"を印象づけてくれます。

　黒などのモノトーンカラーは、よりクールで"かっこいい"し、同じモノトーンでも白はピュアで可憐、"かわいい"を演出しやすいんです。

　パステルカラーやペールカラーなどの、彩度が低く明度が高い、つまり柔らかく明るい色は、丸く膨張して見えるから幼く"かわいい"イメージに。そして彩度が高く明度が低い、鮮やかでクリアな色は、分量や入れ方にもよるけれど、影をつくり、凹んで締まって見えるので"かっこいい"、そしてモードなイメージになります。

　最近のトレンドカラーである、グレーが混ざったようなグレージュ系のスモーキーカラーは、"かっこいい"に。人気の赤口紅は、クリアで彩度が高ければ、じつは"かわいい"し、カジュアル。赤でもボルドー寄りになると、"かっこいい"し、ぐっとモード系に。

テクニックが追いつかないから、というなら、色を変えてみるだけでも印象は大きく変えられることを理解しておくといいですね。"かわいい"印象にしたいときはパステルピンクとか、"かっこいい"モード系にしたいなら、ディープグリーンやブラックなど。

　そして、もうひとつ、色に質感の要素が加わると、印象操作はさらにバリエーションが増えていくことを覚えておいてください。"かわいい"は、ふんわりと膨張した要素が必要だから、じつは光を吸収するセミマットやマット系が最適。"かっこいい"は、シャープでメリハリをつくる要素が必要なので、光を反射させて立体感を生む、キラキラと輝くラメやツヤ系がいいんです。肌の色で例えると、色白肌は、ふっくら見えるし、日焼けしたようなオークルスキンは締まってシャープに見えます。

　定番カラーとして人気のブラウンアイシャドウも、彩度が高く、ラメやパールを含んだものは"かっこいい"系に。マットで明度が高いものは、膨張して見えるから"かわいい"印象になります。"膨張して見えるのは嫌"という人もいますが、膨張して見えると若々しく見えるというメリットがあることも忘れずに。

「色」の持つ力をレッスン♪

SWEET
EYE MAKEUP TECHNIQUES
× **FALSE EYELASHES**

> かわいい目をつくる
> つけまつ毛テク

"かわいい"目をつくるつけまつ毛は目頭〜中央に長さのあるふさふさのボリュームタイプ。黒目上を濃く長く、縦幅を広げて丸いフォルムに。

ビューラーを駆使して ぱっちり放射状に上げる

まつ毛を根もとからカールアップ。目頭〜黒目の真上はくるんとカールさせ、目尻はナチュラルに。理想は右上の写真。部分用ビューラーも使い、確実に。

1

ITEM

真ん中が長い濃密ボリュームタイプ。ベースの軸が透明なのでナチュラルに仕上がる。アイデザインズ ブドワールシィルズ シャギー ¥1575／アネックスジャパン

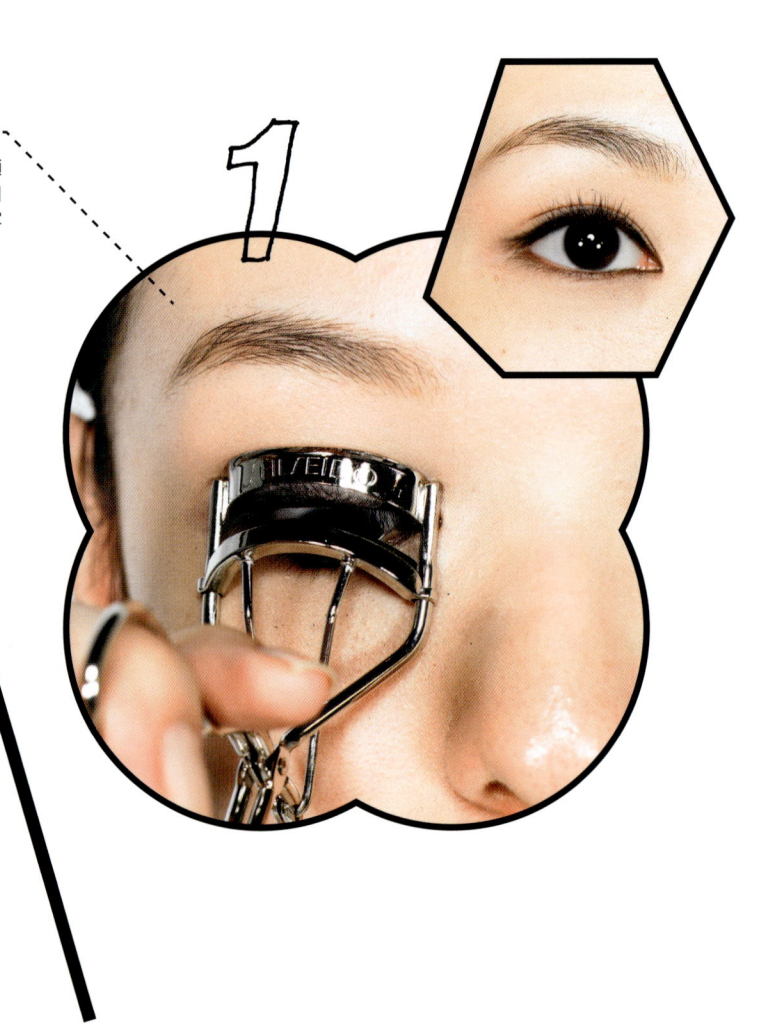

2

装着後の目頭プッシュで
根もとから立ち上がらせて

ボリュームがあり、中央が長いつけまつ毛を。目幅より3〜5mm短く切り、切った長さ分、目頭の外を始点に。のせたら、目頭〜中央を根もとから指で押し上げる。

3

自分のまつ毛とつけまつ毛
をマスカラで一体化させる

P37のマスカラを塗ってまつ毛とつけまつ毛を合体させ、1本1本を太く、ボリュームアップ。目頭〜中央の毛を起こすように塗って、縦幅のある丸い目に。

MORE ITEMS

A
B
C

中央ロングのふさふさ型で
最強の縦長フォルムが完成

「ふさふさとしたボリュームがあって中央が長めのものをチョイスして」。**A**ふんわりエクステのようにボリュームアップするクロスデザイン。ドーリーウィンク アイラッシュ No.9（2ペア入り）¥1260／コージー本舗　**B**全体に長く、密集感のあるボリュームタイプ。お人形のような目に。アイラッシュ N03 ¥1575／RMK Division　**C**中央の強い毛束感がセンターの長さをいっそう強調してキュートな印象に。KOBAKO アイラッシュドレス 201 ¥1260／貝印

finish

COOL
EYE MAKEUP TECHNIQUES
✕ FALSE EYELASHES

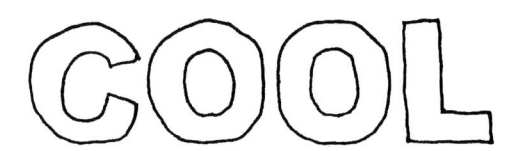

> かっこいい目をつくる
> つけまつ毛テク

"かっこいい"つけまつ毛に重要なのは長さ。立体的に奥行きを出すだけでなく、外側に広げて横幅を伸ばせる目尻側の長いものを選びます。

1

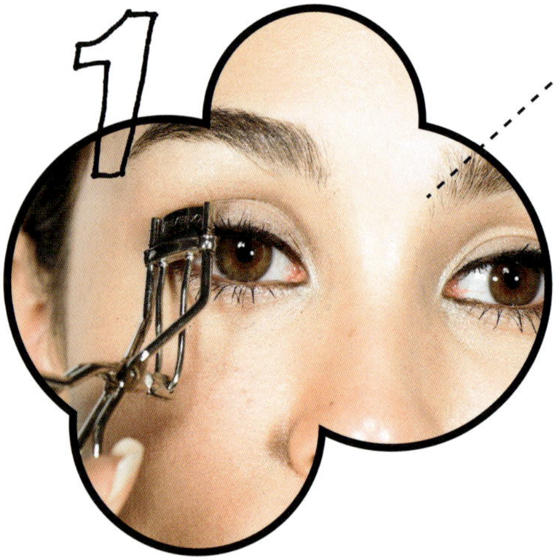

目尻寄りはしっかり上げて！全体はナチュラルカールに

部分用ビューラーで目尻寄りのまつ毛を根もとからきちんと上げる。それ以外のまつ毛はぱっちり上向きにする必要はないので、ナチュラルにカールづけを。

2

目尻側が長いつけまつ毛を選んで、目頭側からのせる

目頭は3〜5mmあけてつけるので、**a**のつけまつ毛もその分短くなるように目頭側を切る。**b**のグルーを軸につけ、30秒放置し、目頭の3〜5mm外からのせて。

ITEMS

a インパクトのある目尻ロングタイプで切れ長アイを強調。茶色80％、黒20％の割合で毛をブレンド。D.U.P アイラッシュ Brown Mix 914 ¥1260／ディー・アップ

b 1日中つけまつ毛が取れない強力グルー。医療テープに使われるのりでできているから安心。透明タイプ。D.U.P アイラッシュ フィクサー EX 552 ¥945／ディー・アップ

3

装着したつけまつ毛を指で押して定着させて

まつ毛のキワにつけまつ毛を置いたら、毛先を指で軽く押し、ピタッとまぶたに定着させる。自まつ毛のカールに沿うように目尻側のまつ毛は少し上げ気味にプッシュする。

4

自分のまつ毛とつけまつ毛をマスカラで合体させる!!

P44のロングラッシュ効果のあるマスカラを地まつ毛につけ、まつ毛を同化させるように全体に塗っていく。目尻はマスカラを斜め上に抜き、ワイドに広げて完成。

finish

MORE ITEMS

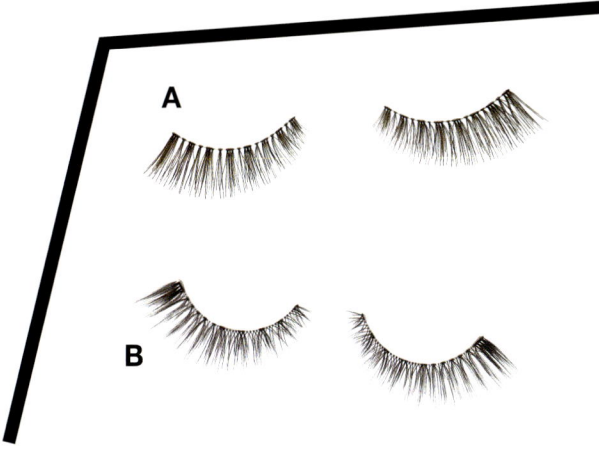

A
C
B

目尻側の印象が徐々に強まる切れ長タイプをセレクト

「"かっこいい"のときは、横長な目に不可欠な目尻側の長さを補えるものを」。**A**黒と茶の天然毛を混合。根もとの束感でゴージャスな仕上がりに。アイラッシュ 36 ¥1470／M・A・C　**B**長く、まとまった目尻側の毛束感で切れ長の瞳にインパクトをプラス。アストレア ヴィルゴ アイラッシュ クリアベースタイプ CB2 ¥997／シャンティ　**C**短い毛と長い毛のミックスで目尻の印象をナチュラルに高める。スプリングハート アイラッシュ 06 ¥399／コージー本舗

SWEET AND COOL YiRan

TAKE ME PLEASE!

WANNA BE A CHARMING GIRL...

LOVE

VIVA!

I LOVE FASHION!

MAKEUP TECHNIQUES

WANNA BE A BEAUTY EXPERT.
I LOVE BEAUTY!
WOW!
THIS IS GIRLS' LIFE.

CHIAKI'S VOICE

column 2

「形」から見つける"かわいい"と"かっこいい"

「色」同様にメイクアップで「形」を変えるだけで、印象操作は自由自在。嶋田流「形」の法則についての一家言。

　丸いフォルムや曲線、フラットで下降線を描くものは"かわいい"印象。反対に、直線や上昇ライン、立体的でエラ顔、縦長といったものが"かっこいい"印象をつくる、というお話はしました。自分の顔の中にある"かわいい"と"かっこいい"をみつけるポイントもレッスン。ここでは、自分の印象が変わる「形」の法則についてフォーカスします。

　メイクアップで「形」は変えられるのか？　もちろん変えられます。たとえば、面長でエラのはった顔の場合、チークの入れ方やコンシーラー使いなどで、顔立ちそのものをフラットに見せることも可能だし、眉の形、目や唇のフォルムなどを、それぞれのポイントメイクの描き方で、大きく膨らませて見せたり、縦幅を出して見せたり。丸い顔の幼い印象の女性が、影をつくりメリハリを強調、大人っぽくエレガントに見せることも可能です。

　「形」を変えるひとつのルールとして、ラウンド⇔直線、下降⇔上昇、インカーブ⇔アウトカーブ、縦⇔横、太い⇔細い、短い⇔長い、といったポイントを覚えておけば簡単。たとえば、切れ長できつい目の女性なら、アイシャドウやラインを丸くたれ目に見えるように描き、マスカラも目尻を上げず、縦幅が出るように仕上げると、ぐっとスイートに。ひとつ

ひとつのフォルムを変えていくだけで、印象は大きく変えることができるのです。個性を強調したいなら、切れ長の目をさらに上昇カーブを描くようにラインを外に跳ね上げたり、ハイライトやシェーディングで顔のフォルムをシャープにつくれば、より切れ長の印象がきわ立ちます。

　メイクアップビギナーにとって、フォルムを変えるテクニックは、「色」や「質感」を変えるより難易度が高いかもしれません。だから、アイラインの目尻を上げる、下げるとか、マスカラで縦目に仕上げるとか、横目に仕上げるとか、目もとまわりからチャレンジしてみるのがおすすめです。眉は細くか太くか、眉山を鋭角にとるかとらないか、など小さな変化でも印象は大きく変わります。

　ひとつ、女性たちの間で人気の囲みメイクですが、大きく見せようとラインだけでぐるりと囲んでいる人がいますが、じつは逆効果。囲んだ面積が強調されて、目は小さく、顔の面積が大きく見えてしまいます。ラインをぼかして縦横に広げ、まつ毛を扇状に広げるなどすれば大きく見えますが……。これがメイクの奥深いところでもあるのです。

「形」の持つ意味を覚えて

SWEET
MAKEUP TECHNIQUES
✕ CHEEKS

かわいい頬をつくる
チークテク

幼く見えるフレッシュなピンクで、ふんわりまあるいほっぺをつくれればOK。
仕上げに目頭のくぼみに明るさをのせてふっくら見せればできあがり。

頬の中央をふんわり丸く、クリアなピンクで染める

aのキレイなピンクをbの大きなチークブラシで頬の中央の一番高いところに丸くのせる。口角を上げて微笑んだとき、一番出っ張ったところにふんわりと。

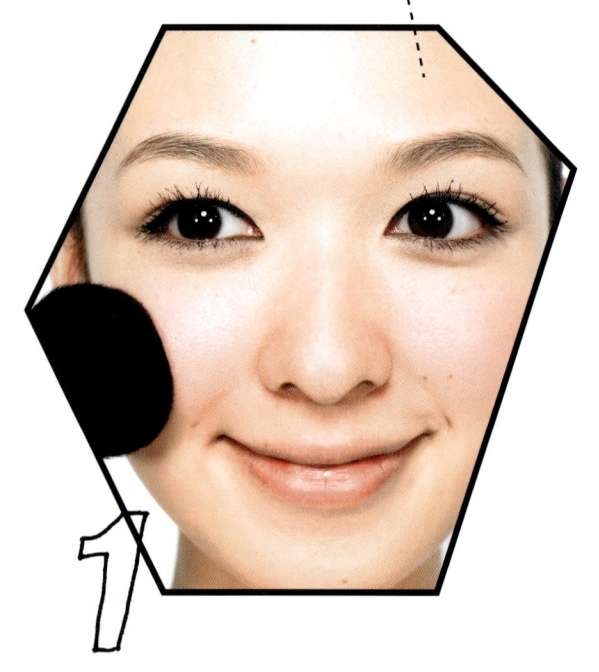

目頭を囲むくぼみも光り効果でフラットに見せ、幼な顔に

cをdで目頭を囲むようにのせる。パールがギラギラ主張しすぎない、繊細になじむ質感を選んで。ノーズラインに沿ったくぼみをフラットに見せるのが目的。

ITEMS

a 濃淡の3色をブレンドして頬にのせると溶け込むように色づき、上気したような血色感を演出。ルナソル カラーリングチークスN 01 ¥5250／カネボウ化粧品

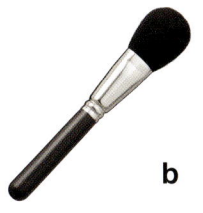

b 平筆タイプのチークブラシ。厚みがあるので、ふわっと自然に色をのせられ、ぼかしも簡単。肌触りのいい山羊毛を使用。チークブラシ ¥7980／ブリリアージュ

c スーッと吸い込まれるように肌になじみ、明るさと透明感だけを上にのせしたようにナチュラルな仕上がりに。プレストパウダー N (P) 01 ¥4725／RMK Division

d 柔らかな毛質で肌当たりがよく、目頭下のくぼみへのフィット感が◎。目まわりのハイライト、小鼻のキワなど繊細な部分にも。フェイスブラシ S ¥3780／THREE

finish

MORE ITEMS

見た目にもキュートなクリアピンクで彩って

「クリアな色はふっくら見せる効果があるので、顔立ちがフラットに見え、幼い印象に」。**A**本物の血色のように発色。持ちもいい。プレスト チークカラー 02 ¥5565／レ・メルヴェイユーズ・ラデュレ　**B**鮮やかに色づき、しっとり密着。濃度の調節可能な2色入り。チーク カラー 05 ¥3150／ポール＆ジョー ボーテ　**C**溶け込むように染め上げるピュアピンク。セカンドスキンチークカラー ヘザーピンク ¥3150／ローラ メルシエ

SWEET
MAKEUP TECHNIQUES
✕ LIPS

かわいい唇をつくる
リップテク

丸くぷっくりした赤ちゃんの唇は究極の"かわいい"リップ。
血色カラーでふんわりふち取れば、ベイビー唇が叶います。

1
口紅を直塗りして
輪郭をあいまいに！

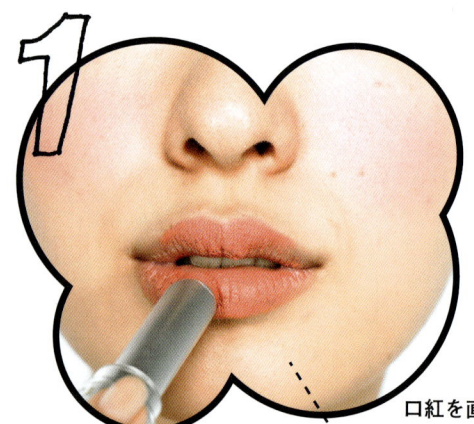

素の唇の色に近い**a**のコーラルベージュを。なじみがよくすっぴん唇に見せつつ、健康的な血色を感じさせる、赤みがきちんとある色を選んで。全体に直塗り。

2
上唇の山のフォルムを
リップブラシで丸く形成

全体を直塗りした上から、口紅を**b**のブラシにとって、山を曲線で描く。山がとがっている人は、あらかじめカバー力の高いコンシーラーで山をつぶすのが◎。

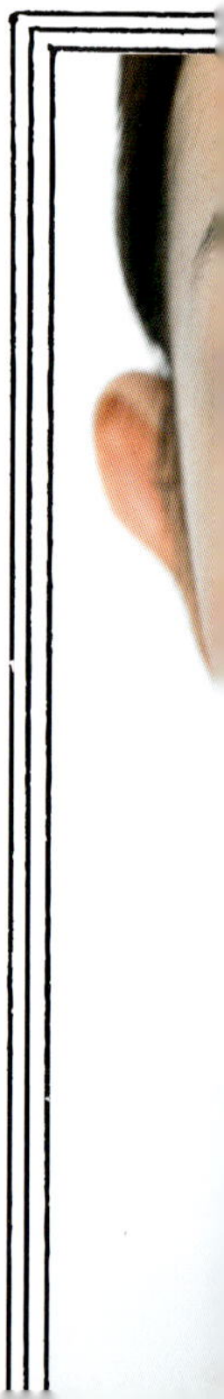

ITEMS

a マットな仕上がりのコーラルベージュ。クリーミーに広がるなめらかさも魅力。ルージュ アンリミテッド シュプリーム マット M BG 931 ¥3150／シュウ ウエムラ

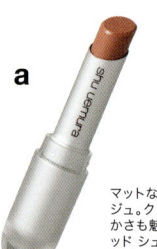

b 口紅をたっぷり含ませることのできるコシのあるブラシ。いっきに唇を塗りつぶすのも、繊細な山のラインを描くのも簡単。リップブラシ ¥2940／ブリリアージュ

c 濡れたようなツヤ唇に。ほんのり桜色に色づき、オーロラ色のパールが輝く。エスプリーク アクアドレープ ルージュ PK873 ¥2625（編集部調べ）／コーセー

3

山は消さないように、
指で全体をムラなくぼかす

全体を直塗りし、山を描き終えたら、指をトントンと軽く弾ませるようにしてリップ全体をならしていく。山は消さないよう注意しながら輪郭も自然にぼかして。

4

口紅をティッシュオフして
グロスを全体に重ねて

ピュアさをもっと高めたいなら、口紅をティッシュで抑えてから、全体に**b**のグロスを。グロスの色は、クリアやうすピンクがおすすめ。3で仕上げてももちろんOK。

finish

MORE ITEMS

自分の素の唇の色に近い赤みのある色がおすすめ

「赤ちゃんの唇の赤みのようなヘルシーな血色感がポイントに」。**A**クリーミーなコーラルベージュ。ルージュ ピュールクチュール No.6 ¥3885／イヴ・サンローラン・ボーテ **B**濃密発色で軽やかなつけ心地。ディオール アディクト エクストレム 326 ¥3780／パルファン・クリスチャン・ディオール

COOL
MAKEUP TECHNIQUES
× **CHEEKS**

かっこいい頬をつくる
チークテク

"かっこいい"チークはシェーディング、ハイライトで頬の骨格を
きわ立てるのがメイン。チークはほんのり、が好バランスです！

ITEMS

a 粉体が溶け込むようになじみ、4色がムラなく色づくから自然な影色に。パール感を抑えた落ち着いたブラウン系。ル・プリズム 86 ¥6300／パルファム ジバンシイ

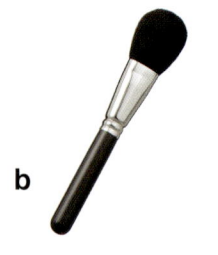

b ふんわり包み込むような贅沢なボリューム感で心地よい肌触り。ふわっと自然に色がのせられ、誰でもチーク上手になれる。チークブラシ ¥7980／ブリリアージュ

c 極細パウダーが超薄膜を形成し、肌と瞬時に一体化。光で肌の欠点までカバーし、美しく。ラディアントコンパクトパウダー 20 ¥6090／イヴ・サンローラン・ボーテ

d 円を描くようにくるりと混ぜ、ふわりとのせるとにじみ出た血色のように柔らかに色づく。オレンジ系。AQ MW ブレンド ブラッシュ OR 200 ¥5565／コスメデコルテ

1

肌なじみのいいオレンジ
ブラウンでシェーディング

bのブラシに**a**をブレンドして含ませ、頬骨の下に水平に影をつける。範囲は耳前〜黒目の下まで。一方向からではなく、往復させるようにブラシを動かす。

62

2

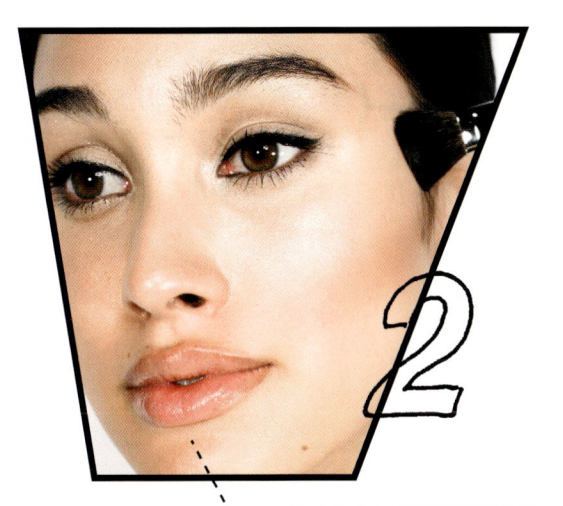

**ハイライトで頬骨の高さを
強調し、顔立ちに立体感を**

パールの粒子が大きく、輝きの強いcで
ハイライトを。目頭下を始点に、こめかみ
まで頬骨をなぞるようにのせると、頬骨
下のシェーディングと高低差が発生。

finish

3

**顔の中央〜外に、ほんのり
オレンジ系のチークを**

1のシェーディングと2のハイライトの間
に、顔の中央〜外側に向けて、肌なじみ
のいいdのチークを軽くのせる。ほんの
り血色を感じる程度色づけばOK。

MORE ITEMS

**肌色&肌が透けて見える
血色に近い色で立体感を**

「チークはオレンジ〜れんが色系。
シェーディングは肌色のダークトー
ンを使ってもナチュラルでキレ
イ」。A肌なじみのいい適度な赤みの
の血色カラー。ブラッシュ グッド
ガール ¥2940／アディクション
ビューティ B健康的なツヤを帯
びたビビッドなオレンジ。グローオ
ン P551 ¥2415／シュウ ウエム
ラ Cマットな質感で自然な立体
感を演出。ミネラライズ スキンフ
ィニッシュ ナチュラル ミディア
ム ダーク ¥3990／M・A・C

COOL
MAKEUP TECHNIQUES
× **LIPS**

かっこいい唇をつくるリップテク

"かっこいい"リップと印象づけるのは唇の山のデザイン。
"直線的な山"に変えるリップラインの描き方をマスターしよう。

ITEMS

a みずみずしく輝くベージュ。とろけるような塗り心地と贅沢な保湿成分のおかげで外＆内から潤いを実感できる。ルージュ ココ シャイン 71 ¥3780／シャネル

b たっぷり口紅を含める毛量と幅があるので、美しいリップラインが思い通りに描ける。コシのあるイタチ毛使用。リップブラシ ¥2940／ブリリアージュ

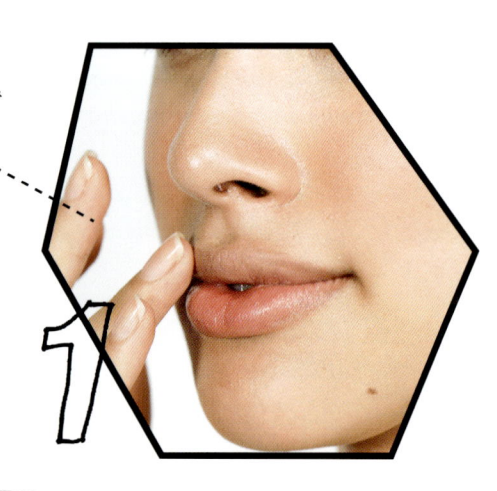

1. 上唇の輪郭をコンシーラーで消して山をとり直す準備を

山をとり直すときは、唇の輪郭を一回消してから描いたほうがキレイなので、コンシーラーで上の輪郭をつぶす。自分の唇にキレイな山がある人はこのプロセスは省いて。

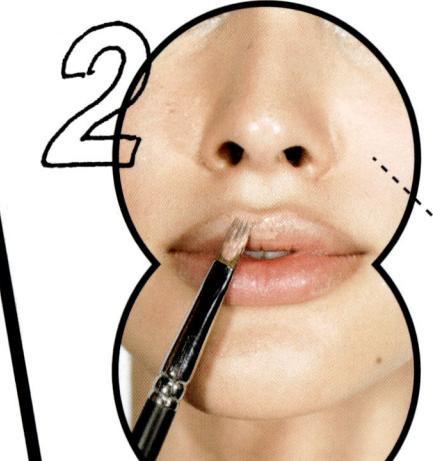

2. アウトカーブの唇の山の中央を描く

aの口紅を**b**のリップブラシにとって、直線的な山の中央のみを描く。唇のフォルムはアウトカーブに。口紅の色は、ヌードやベージュ系のクールな色みをセレクト。

finish

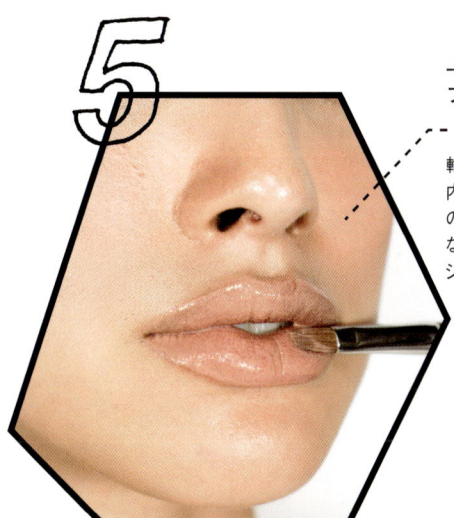

5

上下のリップの内側を
ブラシで塗りつぶす

輪郭をとり終えた上下のリップの内側を埋めていく。**b**のブラシに**a**の口紅をとり、内側を塗りつぶしながら、全体をならすようなイメージで。なめらかに整えば完成。

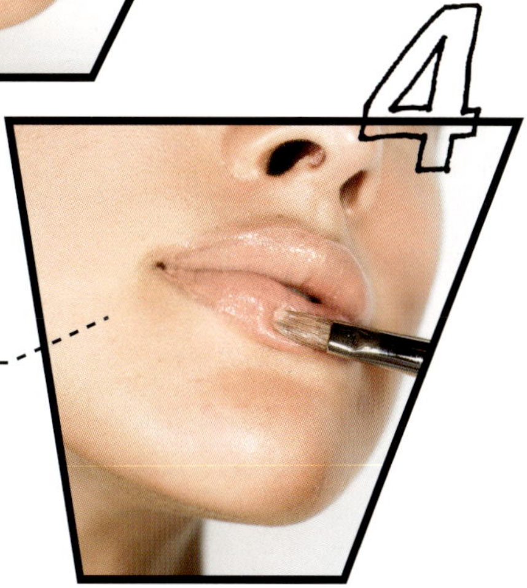

4

下唇も口角から全体の
アウトラインをとる

aの口紅を**b**のリップブラシにとり、下唇の輪郭に沿って塗っていく。ブラシに口紅をつけて口角から中央、つけ直して反対の口角から中央という流れで、ていねいに。

3

上唇全体の輪郭を描き、
2の山につなげる

上唇の山以外の輪郭も**b**のリップブラシで、唇のフレームに沿って塗っていく。上唇は口角から引き上げるようにふっくらアウトカーブを描き、山につなげる。

MORE ITEMS

A

B

スキントーンとつながる
黄みベージュでヌーディに

「リップは肌トーンとつながる黄みのあるベージュでセクシーに仕上げて」。**A**白っぽく浮かず、肌色もくすませないヘルシーなベージュ。ルージュ イン ラヴ 220M ¥3570／ランコム　**B**クリーミーにのび、セミマットに色づくマロンベージュ。マシュマロルック リップスティック 013 ¥1365／リンメル

SWEET
LIP MAKEUP

リップは山がラウンドし、輪郭があいまいな赤ちゃんフォルムのまま口紅をピンクにチェンジ。グロスは重ねずツヤを抑えたことで、触感に柔らかさとボリューム感が増し、女っぽくエレガントに。ソフトな輝き＋マットシャドウで目もとの立体感を弱め、目の縦幅に高さを出した丸い目と中央にピンクで入れた丸いチークは、レッスン通り。

COOL
LIP MAKEUP

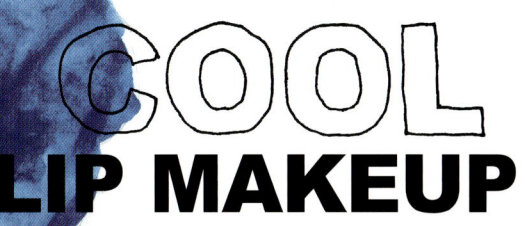

リップはレッスン通り、山の形をていねいにとって輪郭を強調。目もとはラインを入れず、スモーキーなカーキ系シャドウでグラデをつくり、目尻側の上がったキャットアイデザインに。チークもシェーディングのみで、とことん"かっこよく"。リップの色を"かわいい"ピンクベージュに変えたことで、フェミニンで柔らかい雰囲気を演出しています。

CHIAKI'S VOICE

column 3

"かわいい"顔はどこまで"かっこいい"顔になる？

"かわいい"："かっこいい"が9：1のモデルはどこまでかっこよくなれるか、の実験メイクを解説します！

　　ERIKAさんの素顔は、P22〜23で分析したように、9：1で"かわいい"要素が集約した顔立ちです。そこで、唯一"かっこいい"要素、エラがはったフェイスラインをハイライトで強調。眉山は角度をとって鋭角にしたいので眉頭と眉尻角度を操作。スモーキーなアイシャドウとライン、マスカラを駆使して、丸くたれた目の縦幅を短く、横幅を伸ばして＆上昇ライン系に変換させました。唇のインカーブはそのまま、山をシャープに描いてモード系ベージュをコーディネート。ポニーテールにして目もとを引き上げたら、さらにシャープな印象に。テクニックの掛け合わせで"かわいい"："かっこいい"のバランスは4：6までチェンジ！！

眉 眉頭下を足して眉尻を下げて眉山を鋭角的に
眉頭の下を足して、山を高くとり、眉尻はもともとの高さよりダウン。鋭角的な眉で眉骨を目立たせると、ぐっとシャープな印象に。

目 縦幅のある目から上昇系の横幅のある目に
スモーキーなアイシャドウを目尻から斜め上に楕円形に横幅出し。隠しラインとまつ毛で切れ長系に。整形級の効果でSOクール！

チーク 光と影の操作でシャープな輪郭に
シェーディングで影をつくりながら、頬骨の上にハイライトを入れて頬骨を強調。"かわいい"印象の血色感は封印して、チークはOFF。

唇 山を鋭角にとり、ラインはインカーブのままイキ
赤みの少ないベージュリップを唇全体にオン。唇の山を鋭角にとり、ラインはインカーブに。赤みを抑えるだけでモード系にシフト。

輪郭 頬骨とあご先を凸に、鼻を整形級に長く！
エラのはった輪郭を強調するために、シェーディングとハイライトで頬骨を高く立体的に見せ、ノーズとあご先は光らせて、凸印象に。

SWEET → COOL

finish!

4：6のモード系クールガール誕生

chapter 3

THE PERFECT MAKEUP BASE

肌づくりにも"かわいい"と
"かっこいい"の絶対ルールが存在していた

ふんわりセミマットな"かわいい"ピーチスキンも、
シャープで"かっこいい"ツヤ肌も、
ちょっとしたコツさえ覚えれば、印象づくりは思いのまま。
洋服を着替えるように肌も着替える、
ベースメイクの本気ルールを、指南します。

Base Makeup

ベースメイクで失敗しない基本動作をレッスン!

ベースメイクにおいて重要なのが、手や指などの自前のお道具を使った「たたく・のばす」、そして最後のフィニッシュ、ブラシを使った「磨く」といったお作法。指の使い方、ブラシの立て方ひとつで、仕上がりも持ちも大きく変わるから、基本動作はしっかり覚えておこう。

important action!

TAP! TAP! TAP!

たたく

凹凸感をなくし、肌に均一に密着させる大事なアクション

下地やリキッドファンデーションなどを肌に密着させるときに使う動作で、力が入りにくい中指や薬指を使うと、肌に負担をかけすぎることがありません。嶋田さんも、中指と薬指の二本をメインに使用。ぽんぽんとたたくだけでなく、指を払うように使うことも。

SMOOTH OUT

のばす
肌にムラなくなじませるときに大事なアクション

下地やリキッド、クリームファンデーションをムラなく広げる重要な動作です。肌の上に置いてからすばやくのばすのがコツ。その際、指に力を入れすぎるとムラになるので、軽くすべらせるようにのばすといい。目の下や小鼻まわりも同じ動作でていねいに。

POLISH

磨く
余分なものを払いながら密着させ、ツヤをコントロールするアクション

ベースメイクの最後、フェイスパウダーでのフィニッシングに必要なひと手間。ブラシを肌に軽く押し当てて、くるくると円を描きながら余分なものを払い、磨き上げると、仕上がり感がランクアップ。磨き方はブラシを中央からサイドに動かす、くるくると円を描く、など。ツヤをコントロールできるのでメリハリのある仕上がりを操作できます。

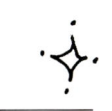

BASE MAKEUP 基礎

"かわいい"も"かっこいい"も！ 肌印象に大きく差がつく下地の上手な使い方

肌のアラを隠し、自然な血色感を充填。ハリ感を与えて乾燥から肌を保護するなど、いくつもの働きを担ってくれるのが下地。ファンデが薄づき、肌印象がきれいな人はみんな下地使いが上手！

ITEM

ひと塗りで肌印象が変わるフル装備の優秀下地。瞬時に肌と一体化。ヴェールを纏ったような仕上がりの、嶋田さん渾身の化粧下地。メイクアップベース フェイスレスポンサー SPF25/PA++ 33g ¥4515／ブリリアージュ

目まわりや小鼻まわりの色ムラをコントロール

キメの整った素肌だが、目のまわりや小鼻まわりなどに色ムラが。コンシーラーでカバーする前に、肌全体を下地で明るく均一に整えていく。

1 顔全体にポンポンとドット置き

ブリリアージュ メイクアップベース フェイスレスポンサーをパール粒大、指にとって、ポンポンと顔全体にランダムに置いていく。まぶたの上も忘れずに。

2 指の腹を使ってていねいにのばす

目のまわり以外、顔の広いところを全体に、中指と薬指の腹を使って、パッティングするようにのばしていく。のばす作業は手早く、レッスン通りに。

3 まぶたの上は軽く スタンプ押しのばし

アイカラーの発色や持ちをよくするためにも下地で整えておきたいのが、上まぶた。1で置いた分を、指でスタンプを押すようにタッピング、軽くなじませながら密着。

4 目の下を明るく操作、 くすんだ印象をオフ

目の下は、下まつ毛のキワぎりぎりまで指でていねいにのばすこと。くすみが目立つ人はさらに少量足して同じステップを。目頭、目尻の下のくぼみも忘れずに。

5 影になりやすい 口角もきちんと

口もと、小鼻まわりはくすみが目立ちやすいゾーンなので、下地でていねいにカバーを。口角を伸ばし、指で皮溝の間を埋め込むようにスタンプ押し。そんな要領で。

MORE ITEMS

くすみや肌のアラを整え、ベースの底上げに重宝

Aツヤと潤いを巡らせるスキンケア効果と、自然なカバー力で3Dのメリハリ顔に整える下地。レネルジー M CCクリーム 01 40ml SPF30 ¥8400／ランコム **B**澄んだ輝きと透明感を与え、明るい印象の肌に補正。血色感もぐんとアップ。ル ブラン メークアップベース 10 30ml SPF35/PA+++ ¥6300／シャネル **C**美容液のような潤い感と透明感を保証。モイスチュアライジング ファンデーション プライマーN 01 30ml SPF15/PA++ ¥3675／ポール＆ジョー ボーテ

finish

SWEET
BASE MAKEUP TECHNIQUES
× LIQUID FOUNDATION

かわいい肌をつくる
リキッドファンデテク

マット～セミマットな質感が"かわいい"の鍵だから、リキッドは薄づきに。
仕上げにフェイスパウダーをトッピングすれば、ピーチスキンが完成！

BEFORE

1 ランダムに置いて指でたたきのばす

パール粒大のリキッドファンデーションを、指で顔の全体にランダムに置いたあと、内側から外側にたたきのばしていく。指の圧は下地のときよりやや強めに。

ITEM

スムースにのびて肌にぴたっとフィットするセミマット仕上げ。リキッドファンデーション スリーディメンションズグロウ SPF20/PA++ ベージュ40 25g ¥5880／ブリリアージュ

2 小鼻まわりは指で押しならして密着

リキッドファンデーションを顔全体に、まんべんなくなじませたら、ムラづきしやすい小鼻まわりを、指の腹を使って軽く押してなじませ、密着させる。

3

密着感アップの鍵はスポンジの地ならし

2のステップのあとにスポンジを使ってていねいにタッピング。余分なリキッドファンデーションをオフして、密着感をアップ。肌を地ならしする大事なステップ。

肌の内側から潤うようなケア効果の高いリキッド

「保湿効果が一日中持続する薄づきリキッドがおすすめ」。**A** ケア効果の高い美容液ファンデ。プロディジー P.C.ファンデーション 02 30ml SPF15/PA++ ¥10500／ヘレナ ルビンスタイン **B** エアリーで透明感のある美肌仕上げ。タンラディアント タッチ SPF19/ PA++ 30ml ¥5775／イヴ・サンローラン・ボーテ **C** ジェルとクリームが融合した新質感。ジェルクリーミィファンデーション 30g SPF24/PA++ ¥5250／RMK Division

MORE ITEMS

4

フェイスパウダーで"桃肌"へフィニッシュ

リキッドファンデーションだけで仕上げる場合のフィニッシュは、フェイスパウダーが必須。テカリをオフ、マットな質感で"かわいい"ピーチスキンに。

finish

COOL
BASE MAKEUP TECHNIQUES
× **LIQUID FOUNDATION**

かっこいい肌をつくる リキッドファンデテク

"かっこいい"印象の肌づくりは、シアーでツヤ感のある仕上がりが大事。鍵を握るブラシ使いをマスターして、肌印象をさらにクールダウンさせよう。

ITEMS

a 薄づきでぴたっと肌になじむ、ハリ感製造リキッド。リキッドファンデーション スリーディメンションズグロウ SPF20/PA++ ベージュ40 25g ¥5880／ブリリアージュ

b リキッドを含みやすく凹凸をきれいにならす嶋田さん渾身のブラシは、柔らかいのにコシがある高品質。ファンデーションブラシ ¥5460／ブリリアージュ

BEFORE

1
ブラシは指の代わりと心得て

下地で整えた肌に、手の甲にとったパール粒大のリキッドファンデショーションをブラシになじませ、顔全体にポンポンとランダムに置いていく。

2
ブラシのばしは手早くささっと

ならすのは、顔の一番広い面積からスタート。内側から外側の手順で、ブラシを顔全体に縦横無尽にすべらせて。ブラシは力を入れずにスピーディに。

小鼻まわりやほうれい線は小さな円を描くように

ムラづきしやすい、小鼻からほうれい線まわりは、小さい円を描くようにブラシを動かし、密着させるようにていねいにのばしていく。口もとも同様に。

3

目のまわりを避けてスポンジで密着

ファンデーションブラシでまんべんなくのばしたら、スポンジを使って密着させていく。スタンプ押しの要領でぽんぽんと軽くタッピング。目のまわりはコンシーラーで整えるので避けて。

4

finish

MORE ITEMS

ツヤと輝きを演出できる傑作リキッド

「輝きのある仕上がりなら"かっこいい"肌も簡単」。**A** 肌と一体化するシアーな上質ツヤ肌に。ランジュリー ド ポー 03 SPF20/PA+ 30ml ¥7350／ゲラン **B** ひと塗りで生き生きとしたツヤを再現。リキッドメイクアップ アクティブオーラ ホワイト 05 SPF25/PA++ 30ml ¥5775／エスト **C** 素肌と溶け合う繊細なルミナス肌に。イーブン ベター メークアップ 15 SPF15/PA++ 30ml ¥4725／クリニーク

A
B
C

79

SWEET
BASE MAKEUP TECHNIQUES
× POWDER FOUNDATION

かわいい肌をつくる パウダーファンデテク

"かわいい"の条件、セミマットな肌に仕上がるパウダリーファンデーションは内から外にならし、影が出やすい部分をカバーすればフラットなラウンドフェイスに。

1 内側から外側に。スムースにすべらせて

下地で整えた肌に、パウダリーファンデーションをスポンジに適量とって、頬の内側から外側に、そして顔全体にスポンジを軽くすべらせるようにのばしていく。

2 ヨレやすい小鼻まわりはていねいに

小鼻まわりはヨレやすいので、スポンジの角を使って、押し込むようになじませていく。小鼻まわりが影になると縦の印象、ほうれい線が目立つので忘れずに。

BEFORE

ITEMS

a たるみ感のないキメ肌に仕上げるパウダリーは、ハイライトとチークがセットイン。トリッキーパクトリフティング SPF25/PA++ ナチュラルベージュ30 ¥7140／ブリリアージュ

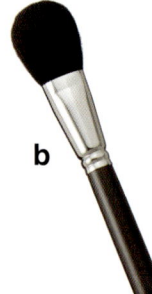

b 肌あたりの優しい天然毛で、押すと丸筆に、そのまま使うと平筆として使える設計。プロの間でも評判。チークブラシ ¥7980／ブリリアージュ

80

3

目尻下の影も明るくフラットに

ヨレやすい目尻サイドも**2**と同様に、スポンジの角を使って密着させるようになじませる。目尻内側から外側に。目尻の下のくぼみをカバーすると、より明るく。

MORE ITEM

"かわいい"を呼び込む幸せ肌仕上げに

望む仕上がりをブレンド操作。AQMW エレガントブレンド ファンデーション 202 SPF20/PA++ ¥9450 ファンデーションケース ¥1575／コスメデコルテ

4

フェイスパウダーでふんわり感を倍増

セミマットに仕上がるパウダリーファンデーションの場合、通常は**3**まででOKだけど、ふんわり感をアップするなら、顔全体にフェイスパウダーをひと刷け。

finish

81

COOL
BASE MAKEUP TECHNIQUES
× **POWDER FOUNDATION**

かっこいい肌をつくる パウダーファンデテク

セミマット系に仕上がるパウダリーファンデーションで、"磨き上げ"の儀式を。肌にツヤとハリ感をアップさせて、狙うは立体感のある"かっこいい"系！

BEFORE

1

内から外へ、磨くようにならす

下地で整えたあとに、**a**のパウダリーファンデーションをスポンジに適量とり、頬の内側から外側、おでこの中央から左右外側、鼻、あごを磨くようになじませていく。

スポンジの角を使って押しならし

ヨレやすく、くずれやすい小鼻まわりは、スポンジの角を使って、押し込むように密着させるのがコツ。ていねいにならすとファンデーションの持ちもアップ。

ITEMS

a ハイライトとチーク付き。艶やか仕上げ。トリッキーパクト UV SPF30/PA++ ナチュラルベージュ30 ¥7140／ブリリアージュ

b ふわりとツヤのヴェールが復活。フェイスパウダー モアインプレッションズ トランスペアレントグロウ 40 ¥5250／ブリリアージュ

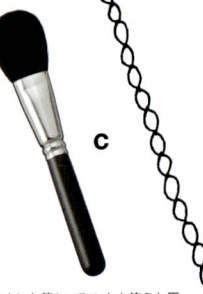

c 押すと丸筆に、そのまま使うと平筆として使える秀作ブラシ。肌に優しい天然毛を採用。チークブラシ ¥7980／ブリリアージュ

2

3

口角の下降線を回避してクールに

口角のヨレはくすみも同然。ともすると口角が下がって見えるので、きちんとカバー。スポンジの角を使って押し込むようになじませ、口角下がりの印象を回避。

4

ヨレやすい目もとはプラスひと手間を

よく動く目もとまわりはファンデーションがヨレやすいので、密着テクを徹底して。スポンジの角を使って、上まぶた、目の下は目頭から目尻までていねいに。

5

ブラシで磨くと、肌印象はMOREクール！

4で仕上げた肌にツヤを足すと、ハリ感が出てくるから、より立体的で"かっこいい"印象に。bとcのブラシで、顔全体に丸く円を描くように磨き上げていく。

finish

MORE ITEMS

ひと塗りで立体感を操れるパウダリーを！

「選ぶポイントは透明感とツヤ感」。**A** 磨かれたような発光肌に。ディオールスキン ヌード グロウ コンパクト SPF10/PA++ ¥7035／パルファン・クリスチャン・ディオール **B** 3色3質感で美肌仕上げ。マキアージュ パーフェクト マルチコンパクト 33 SPF20/PA++ ¥4200（編集部調べ）／資生堂

SWEET
BASE MAKEUP TECHNIQUES
× **CONCEALER**

かわいい肌をつくる
コンシーラーテク

よりフラットに、より明るく。"かわいい"をパワーアップさせる
4つのコンシーラーテクを覚えて、少女のような可憐な印象を奪取しよう♪

ITEM

カバー力を発揮するピーチカラーで、繊細な目もとまわりにもなめらかに密着。リキッドコンシーラー アイスポットレスポンサー EX 02 ¥3990／ブリリアージュ

MORE ITEMS

シミもくまもくすみも筆ペンタイプなら簡単

「初心者でも簡単に使いこなせるのが筆ペンタイプ」。**A** クリーミーな使用感で明るい輝きを再現。エクラ ルミエール コンシーラー 10 ¥4725／シャネル **B** フィット感に優れたカバー力で人気。スーパーベーシック リキッドコンシーラー 01 SPF28/PA+++ ¥3675／RMK Division

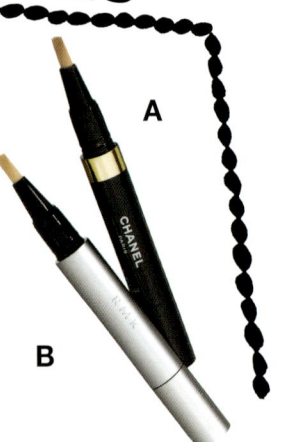

1

目の下のくまをカバーして頬全体を明るい印象に

"かわいい"の敵、目の下のくま隠しは筆ペンタイプのコンシーラーで。目の下を、目尻のキワから涙袋までカバーしたら、指の腹でていねいになじませて。

COLUMN

2

**くすみやすいまぶた&
目頭も忘れずに**

筆ペンタイプのコンシーラーを
まぶたに少しのせ、指でなじ
ませる。目頭も忘れずに。指
でていねいになじませて。
目と目の間を明るく整える
とフラットな印象に。

黒ずみや赤みなど、唇の色補正は専用アイテムで

くすみや輪郭の補正、色を消すなど、唇のカバー問題は、専用のコンシーラーで。高い保湿効果を持ち、繰り出し式だから、凹凸の激しい部位にもぴたっ。リップコンシーラー　赤みを消すのに最適な001、血色感を補う002　ともに¥945／リンメル

3

**ほうれい線は
顔の影！
カバーしてふっくら**

筆ペンタイプのコンシーラーを、小鼻の下の付け根から、猫のひげのように放射状に描き、指でていねいになじませる。縦に入る影を消して、丸い頬の印象に。

4

**口もとをふっくら
させてキュートに**

丸い頬からの延長線で、口もと全体もふっくらしているほうが断然"かわいい"から、口角をコンシーラーでまが玉囲み。指でとんとんとなじませたら、ふっくら！

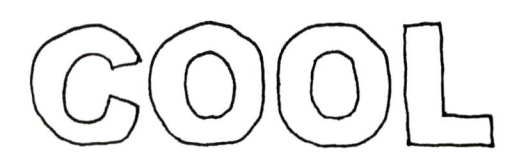

COOL
BASE MAKEUP TECHNIQUES
× **CONCEALER**

かっこいい肌をつくる
コンシーラーテク

シャープで立体的な"かっこいい"顔立ちは、
凸を強調、縦長に見せるコンシーラー使いで完成。

1
目の下の三角形を明るく整え立体的に

涙袋に**a**の筆ペンタイプのコンシーラーを置き、目のキワから頬の高いところに向かって逆三角形になるよう指でのばしていく。シャープな顔立ちをつくるプロ仕込みの隠し技。

2
小鼻まわりのカバーはもはや常識

小鼻横の影やくすみは、鼻筋が通ったシャープな印象つくりの邪魔だから、肌よりやや明るめ、**b**のパレットの右下のコンシーラーを指で押し込むように密着。

ITEMS

a オークルスキンになじむカラーで、ふっくら明るい印象にカバー。リキッドコンシーラー アイスポットレスポンサー EX01 ¥3990／ブリリアージュ

b 上下左右、色と質感違いの4色でシミ、くまなど自在にカバー。パレットコンシーラー プロフェッショナルパフォーマンス ソフト&ハード10 ¥5565／ブリリアージュ

MORE ITEMS

色も質感も自在に操れるのが便利

「密着感のある処方の、パレットが便利」。**A** 色と質感をコントロールできる3色パレット。ニュアンス ブレンド コンシーラーパレット ¥4725／エスト **B** 3色のコンシーラーを自在に混ぜてシミもくすみも自分色仕様に。クリエイティブコンシーラー SPF25/PA++ ¥3675／イプサ

3

頬骨を高く見せると顔立ちはぐっとシャープに

頬骨の上、ハイライトを入れる部分に、目の角度と平行に**b**のパレットの右下を数か所ドット置き。指でていねいにたたきのばしたら、それだけで横顔の印象が変化。

4

あご先が明るいと中高顔の印象に

あご先がとがってシャープだと、外国人のような印象に。あごの中心に3と同じ一段明るめのコンシーラーを1か所置き。なじませると、あご先まで中高の印象に。

5

猫のひげ描きで、ハリのある肌印象を演出

縦長印象は"かっこいい"けれど、ほうれい線は老けにつながるから別。猫のひげのように、小鼻横から放射状に**a**の筆ペンコンシーラーを描きのばして影退治。

6

鼻を高く見せる隠し技を投入！

鼻の付け根である目頭の間は、鼻の一番低いところ。ここに3と同じ明るめのコンシーラーを指でなじませると、あっという間に鼻が高く、通った印象に！

7

肌色の境界線をぼかせば立体小顔が完成

コンシーラーを入れたところと、ベースの肌色との境界線を目立たなくさせるため、パウダーを含ませたパフで軽く押さえてならす。これできれいな立体小顔に！

CHIAKI'S VOICE

column 4

質感で"かわいい"と"かっこいい"は操作できる？

質感を変えるだけで印象はがらりと変わります!

　マットからセミマットな質感は"かわいい"の鍵。なぜなら、マットな質感は光を吸収し、丸く柔らかい光で包むのでフラットに見えるからです。フラットな見え方は、子供のような幼い印象をもたらし、結果、"かわいい"につながります。アイカラーやチークはもちろん、ベースメイクでも同じ。下地もリキッドファンデーションですら、マットのほうがふんわり"かわいい"を演出できるんです。「マットだと老けて見える」と思っている人もいるようですが、確かにマットで厚みがあると老けて見えるけれど、薄づきなら大丈夫。ふわっと一枚のヴェールをまとっているような、そんなニュアンスです。

　逆にツヤを出していくと、光があたるところは高く、あたらないところは低く見えるので立体感が強調されて、大人っぽい印象に見えます。だから、ツヤのあるファンデーションを塗ると、鼻やおでこなど凸の部分だけ出て見え、目の下などが影になって見える。でも、これがシャープな印象、つまり"かっこいい"に欠かせない条件。大人の女性が薄づきのツヤありファンデを選ぶときは、極端に影ができてしまわないよう、ルースパウダーをかける、ハイライトを入れるなどのテクニックも必要ですね。

Sweet or Cool!

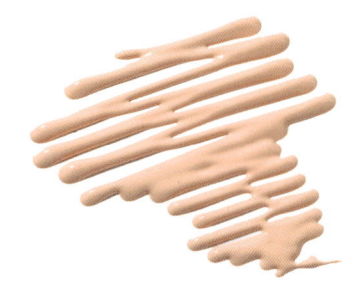

SWEET ⟶ COOL
MAT ⟶ TSUYA

ONE POINT ADVICE

ツヤ？ それとも マット？
嶋田流、質感の見極め方指南します！

「ツヤの持ちなどを確認するときに行うのが、手の甲にある、人差し指のラインチェックです。たとえばリキッドファンデ。人差し指から手首に向かうライン上に、縦にのばして、そのあとに握りこぶしをつくってみる。そうするとツヤのラインがよく見えるんです。このツヤが、パウダーをかけたときに消えたらセミマット。よりツヤが出てきたらツヤ。下地も一緒で、立体的で"かっこいい"印象にしたいなら、ツヤの強いものを選べばいいということです。簡単でしょ？」

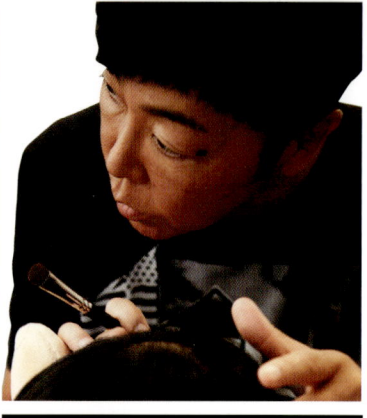

BACKSTAGE OF COVER BEAUTY

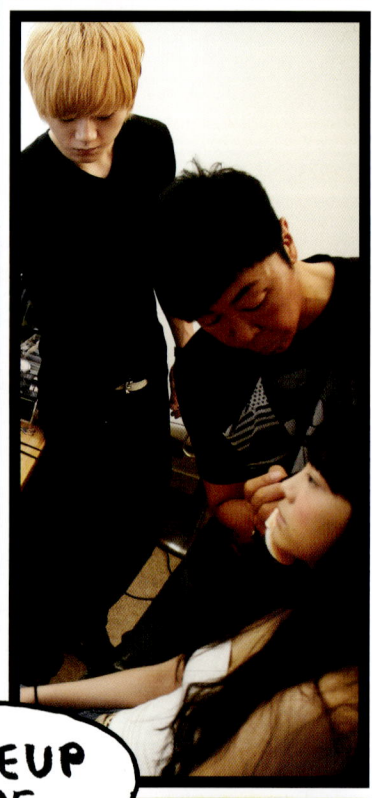

MAKEUP TIME...

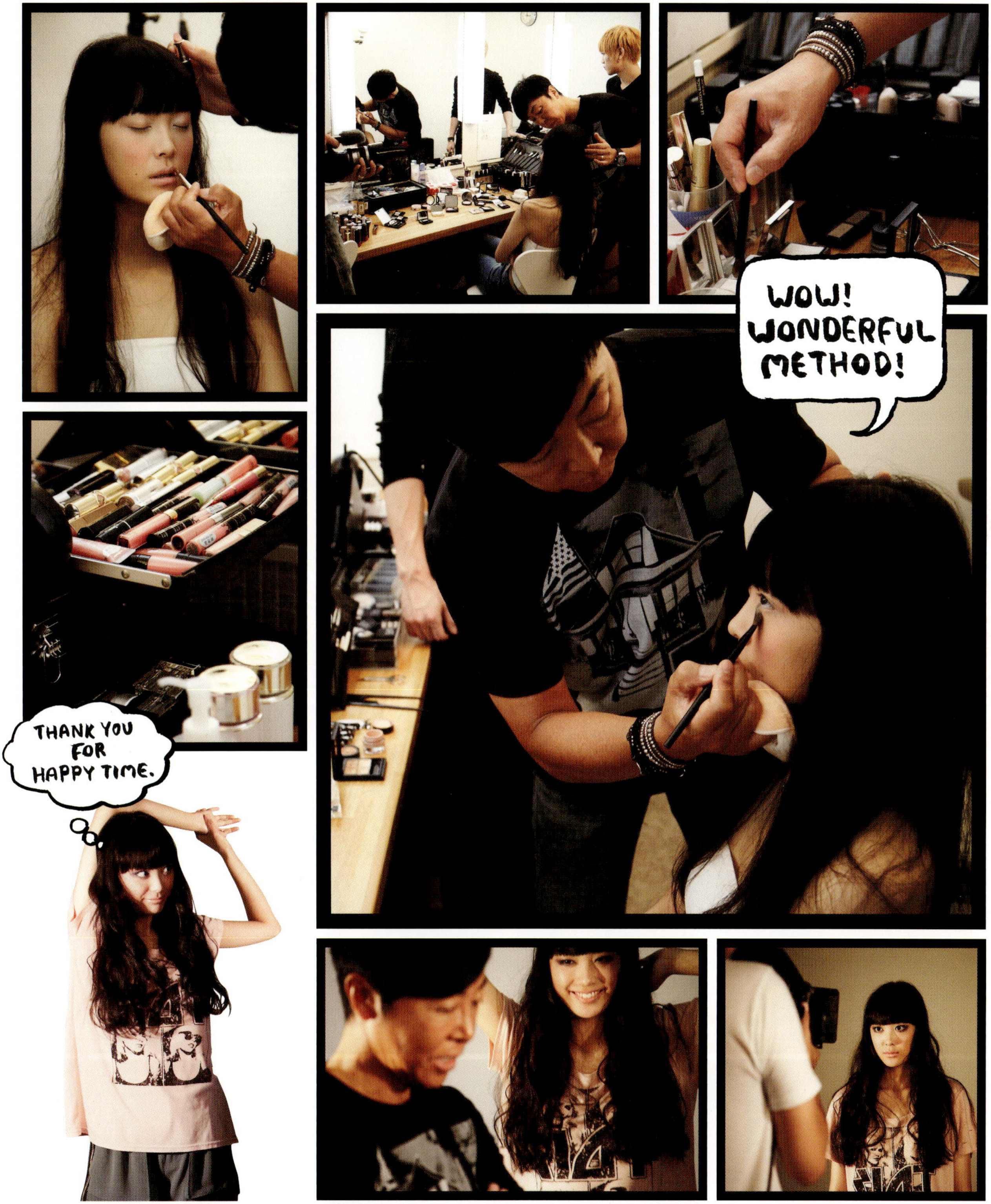
WOW! WONDERFUL METHOD!
THANK YOU FOR HAPPY TIME.

chapter 4

MAKE-OVERS TELL A STORY

嶋田さん！　私たちの魅力を
200％引き出すコツ教えてください

顔の形や肌色、目の大きさまで、
すべて異なる読者モデル3人の顔を
嶋田流"かわいい""かっこいい"のセオリーで分析。
それぞれが願う"新しい私"をメイクアップで
引き出す実践編。より具体的なヒントが見つかります。

実践編

かっこかわいいのベストバランスに改善！

3人の読者の顔を嶋田さんが大分析。それぞれの"かわいい"と"かっこいい"を見極め、美しさの輝くベストバランスに導きます!!

CHIAKI SHIMADA | MAKEUP ADVICE

Before | "かわいい：かっこいい" ＝ 9：1

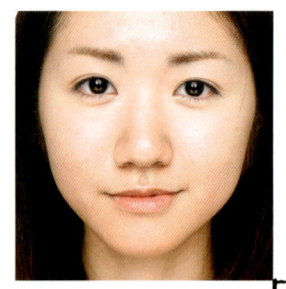

西出早織さん

「ほとんど全部が"かわいい"要素。"かわいい：かっこいい"のバランスは9：1。エラのない丸顔で、たれ目で黒目がち。鼻の付け根が低く、口も小さい。唯一、シャープな要素は眉」と嶋田さんは分析。「顔立ちが平面的で幼く見えるのが悩み」と西出さん。

CHIAKI'S CHECK | 嶋田さんの診断

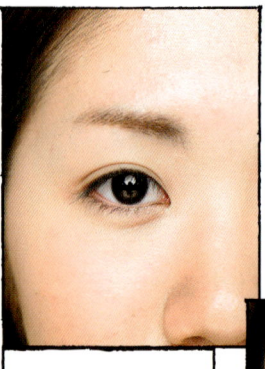

- エラがはっていない
- 鼻の付け根が低い
- 平面的な顔立ち

- 目が丸く、目尻が下がっている
- 涙袋が膨らんでいる
- 眉が直線的で上がっている

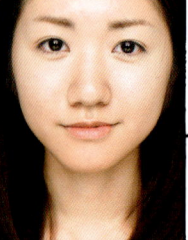

- 輪郭に角がなく丸顔
- 鼻の長さが短い
- 口が小さい

A 輝きのヴェールをかけたような色づきのパール入りのベージュ。「眉下までのまぶた全体に入れ、立体的に」。プードゥル ルミエール ナクレ ¥6300／シャネル

B スモーキーなブラウン＆グレーはどの色を組み合わせてもなじみがよく使いやすい。サンク クルール 734 ¥7980／パルファン・クリスチャン・ディオール

C 輝きの強い右下のグレーとシルクのような光沢を纏う3色で深みのあるシックな目もとに。ル・プリズム・アイズ・カルテット 72 ¥7245／パルファム ジバンシイ

D 微細なパウダーが溶け込むようになじみ、透明感やツヤ感をアップ。4色をブレンドしてふんわりのせて。ル・プリズム 81 ¥6300／パルファム ジバンシイ

E 「4色を混ぜてシェーディングに、左の2色を頬の低めに、外寄りの位置にチークとしても使用」。ル・プリズム・ブラッシュ 26 ¥6090／パルファム ジバンシイ

F 「マットな口紅でかわいさも残して」。肌トーンになじむミルキーベージュ。ルージュ アンリミテッド シュプリーム マット M BG 931 ¥3150／シュウ ウエムラ

POINT!

立体感を強調し、丸くフラットなフォルムをシャープに調整。輪郭は光と影の相乗効果で面長に、目は色とデザインで切れ長に。クールな印象に劇的大変身!

1. 淡い色から徐々に重ねて、奥行きのある切れ長の目に

Aを上まぶた全体に。Bの左上をアイホールに、左下を黒目の外側〜目尻まで重ねる。Cの左上を上下まぶたの目尻の1cm内側から目尻の1cm外側までのばし、三角形にぼかす。

2. ハイライトで"縦"を強調 目の下、Tゾーン、あご先に

Dの4色を混ぜて、まずは目の下に。範囲は、目頭の下〜こめかみまでと目頭の下〜小鼻の横までの縦長の直角三角形に。Tゾーンとあごの先端にもふわっとのせ、面長な印象に。

After

3. 頬骨下のシェーディングで骨格にメリハリをつくる

Eをブレンドし、大きなブラシで頬骨の下の凹みから、シェーディングを。丸顔の人は口角に向かって鋭角的な角度で。頬の中心でスッと消えるようにぼかし、輪郭をシャープに締める。

"かわいい:かっこいい"= 3:7

CHIAKI SHIMADA | MAKEUP ADVICE

Before | "かわいい:かっこいい"＝4:6

植木りな子さん

「面長の輪郭、切れ長の目、長さのある鼻や頬は"かっこいい"要素。厚みがあって、くっきりとした富士山型のインカーブの唇は"かわいい"要素。約4:6で"かっこいい"寄りです」と嶋田さん。「切れ長の目が強調されず、柔らかい印象に仕上がるメイクが知りたいです」と植木さん。

CHIAKI'S CHECK | 嶋田さんの診断

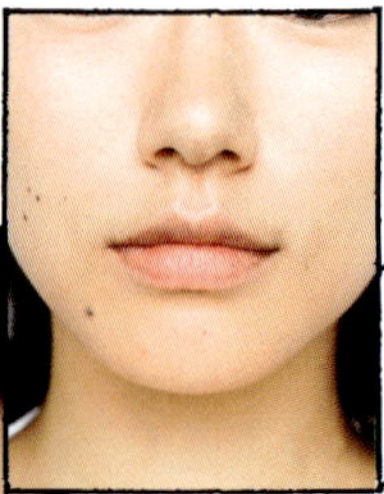

- 唇に厚みがある
- 上唇がインカーブ
- あごがとがっている

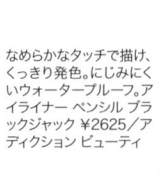

- 面長で卵型
- エラがはっている
- 鼻や頬の長さが長い

- 目頭より目尻が上がっている
- 目の縦幅が狭く、横幅が広い
- 眉が直線的で上がっている

A ピンク〜ラベンダーがフェミニンな目もとに。「眉下に左上、アイホールに右上を」。マキアージュ トゥルーアイシャドー V1762 ¥3675（編集部調べ）／資生堂

B 「中央の色を下ラインに。黒目の下が濃くなるようにぼかして」。5色のグラデで奥行きを演出する。ケイト リアルクリエイトアイズ BR-3 ¥1680／カネボウ化粧品

C なめらかなタッチで描け、くっきり発色。にじみにくいウォータープルーフ。アイライナー ペンシル ブラックジャック ¥2625／アディクション ビューティ

D 楕円芯のペンシルとふんわり仕上がるパウダーで立体的な眉が簡単に仕上がる。マキアージュ ダブルブロークリエーター BR611 ¥3150（編集部調べ）／資生堂

E 4色をくるりとブレンドして頬にのせると自然な立体感が出現。「頬の中央にふんわり丸くのせて」。AQ MW ブレンドブラッシュ PK801 ¥5565／コスメデコルテ

F 肌にピタッと密着し、ヨレにくいので、カバー効果が長時間持続。エスプリーク デュアル コンシーラー UV 01 SPF30・PA+++ ¥2415（編集部調べ）／コーセー

G ふっくら柔らかな唇に彩る可憐なピンク。「山の形は筆でていねいに調整して」。ルージュ ディオール ヌード 263 ¥3990／パルファン・クリスチャン・ディオール

POINT!

直線的なフォルムの多いシャープな顔立ちに、曲線を加えて、パーツの形をコントロール。そこへフェミニンカラーでふんわり彩ればエレガントなメイクが完成。

1 直線眉の上側の毛をカット エレガントなアーチ眉に

一直線の眉の眉山～眉尻の上側の毛をカット。目の形に合わせ、角度が下がりすぎないよう注意。Dで眉山～眉尻が自然なアーチになるように描き、曲線="かわいい"要素を追加。

2 下がり気味に引いた たれ目ラインで柔らかく

Cでインサイドとまつ毛の上に細くアイラインを。黒目の上は少し太めにして目の縦幅を広げる。上まぶたのフレームに沿って下げ気味にラインを引き、クールな印象を和らげる。

3 とがった唇の山を丸くして "かわいい"要素をプラス

インカーブのかわいい唇のフォルムは生かしつつ、シャープに見えるとがった唇の山の先端をFのコンシーラーで消し、唇にも曲線を加えて。スイートなピンクの口紅の似合う唇に。

After

"かわいい：かっこいい"＝ 7：3

Before | "かわいい：かっこいい"＝2：8

橋本由美子さん

「下向きの鼻先とシャープな輪郭、ダークな肌色がクールな印象に。また、唇の形も"かっこいい"要素。"かわいい"要素は目もとに集まっています。2：8で"かっこいい"顔」と嶋田さん。「ナチュラルメイクだと、いつも"かっこいい"寄りの仕上がりに」と橋本さん。

CHIAKI SHIMADA | MAKEUP ADVICE

CHIAKI'S CHECK | 嶋田さんの診断

- 目頭より目尻が上がっている
- 縦幅があり、黒目が大きい
- 涙袋が膨らんでいる

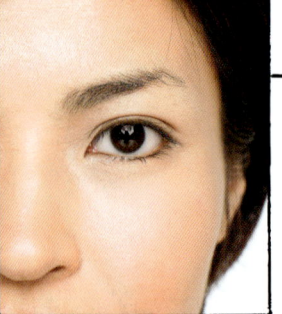

- エラがはっている
- 肌の色がオークルトーン
- 鼻先が下を向いている

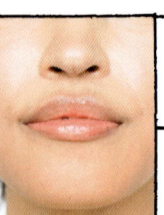

- 唇に厚みがある
- 唇の横幅が広い
- 上唇がアウトカーブ

A 上下段にはマット、中段はグロウの質感違いの9色をセット。目元の立体感を繊細＆効果的に操作できる。ル・プリズム・イシム 81 ¥7140／パルファム ジバンシイ

B ライン使いにも便利なチップ型。輝度の高いライトブルーを下ラインに使うと潤み目効果も。ダブル アイカラー 03 ¥2940／アナスイ コスメティックス

C 「目の縦幅を出すには、ロングタイプが効果的」。自分のまつ毛が伸びたような自然な仕上がりの繊維入り。ヴィルトゥーズ ドールアイ 01 ¥3990／ランコム

D にじみ出たような血色を演出するナチュラルなピーチ系。シルキーな光沢がイキイキとしたツヤを与える。グロー オン P 530 ¥2415／シュウ ウエムラ

E 肌の透明感を上げる鮮やかなローズ。繊細なパウダーが溶け込むようになじみ、ポッと赤らんだような表情に。ジュ コントゥラスト 72 ¥5565／シャネル

F なじみがよく、肌色を沈ませることもない健康的な血色感のベージュ。リップクリームのような塗り心地。リップスティック 201 ¥3150／ポール＆ジョー ボーテ

G 「みずみずしいツヤをプラスして」。繊細な輝きと濡れたようなツヤを放つほんのり色づくピンク。レーヴル サンティヤント 164 ¥3465／シャネル

POINT!

彫りが深く面長な顔立ちの立体感を弱めてフラットな丸顔に。スイートな色&曲線を増やすことで、本来のクールさも損なわないナチュラルビューティが誕生。

1 中央を強調し、目のフォルムを丸く変える

Aの中段・右と真ん中の色を混ぜて、アイホール全体に。輝きの強い中段・左を黒目上にだけ重ね、眉下には右下をのせる。下まぶたにはBを。黒目の下を太くして、目の形を丸く見せる。

2 黒目の上下のまつ毛を伸ばし、縦幅を拡張

黒目の上が濃く長くなるように、ロングタイプのCを重ね塗り。下まつ毛も黒目の下、中央が濃くなるよう重ねる。縦幅をさらに強調することで、目のフォルムを丸に近づける。

3 "かわいい"色&形でふっくら丸顔に見せる

まず、Dを広範囲に丸くふんわりとのせ、頬の中央に小さな円を描くようにEを重ねる。顔の正面に広い面積でチークを円形にのせることで、頬を丸く見せ、シャープな輪郭を和らげる。

After

"かわいい:かっこいい"= 5:5

chapter 5

ALL ABOUT CHIAKI'S MAKEUP

嶋田ちあきの"メイクの目"にクローズアップ

常に時代の先端を見据え、メイクアップトレンドを
切り開く先駆者として、
軽やかに走り続けるメイクアップアーティスト・嶋田ちあき。
けっしてぶれることのない独自のメイクアップ理論、
ビューティへの深い愛情、鮮やかなクリエイションワーク。
"嶋田ちあきism"を支えるキーワード、集めてみました。

嶋田ちあきの仕事
CHIAKI'S WORK

常に時代のエスプリをぴりりときかせたメイク提案で、美容のプロをはじめ、日本人女性のメイク魂を刺激し続けてくれる嶋田ちあきさん。デビューから30年、ビューティ黄金時代を牽引する"ちあきism"を振り返ります。

'94 松田聖子
「Glorious Revolution」ポスター
撮影・篠山紀信

'01 学研「Make up Magazine」
撮影・神子俊昭

'01 世界文化社「MISS」10月号
撮影・神子俊昭

'93 松田聖子
「DIAMOND EXPRESSION」ポスター
撮影・篠山紀信

'99 講談社「FRaU」3月号 撮影・富田眞光

'00 ワールドフォトプレス
「ビジオモノ」10月号 撮影・富田眞光

女優からタレント、ミュージシャンまで
嶋田メイク創成期を経て

　もともとファッションが大好きで、当時の人気雑誌『流行通信』の仕事をしたくて、ヘアメイクを目指すようになったんです。ファッションとメイクは切っても切れない関係にありますから。

　デビューは早く、24歳のときにはもう、第一線で活躍している方々と仕事をしていました。当時の第一人者、ヘアメイクアップアーティストの野村真一さんには一番影響を受けましたね。バブルの初期の頃で、仕事は広告中心。タレントや女優さんをモデルに起用することも多く、音楽のジャンルまで広がっていました。それまで、女優さんやタレントさんたちはみんな、自分でメイクして

'02 小学館「美的」6月号　撮影・内山功史

'02 小学館「美的」8月号
撮影・富田眞光

'02 講談社「VoCE」10月号
撮影・富田眞光

'02 講談社「VoCE」11月号
撮影・富田眞光

モーヴベージュ×ブラウンで
二面性を演出。
強さとやさしさは一体となって

'04 小学館「美的」4月号　撮影・前川純一

'05 小学館「美的」7月号　撮影・前川純一

'05 文藝春秋「クレア」10月号
撮影・下村一喜

生まれ変われ！ 肌のキメ、
粒子オーラで輝く肌へ

'07 小学館「美的」3月号　撮影・富田眞光

軽やか"血色リップ"は
パステルの目元と合わせると、
春の新バランス

ビューティ成熟期を牽引した
嶋田メイクの真骨頂

美容室でスタイリングしてもらう、みたいな時代。だから、CMとかPVで、ミュージシャンや女優たちが、僕たちの手でがらりと変わるようになったことは、メイクの歴史的にもとてもセンセーショナルなことだったと思います。

　松田聖子さんも、曲のイメージによってさまざまな女性像を演じた人。聖子さんは20年間、常に面白い提案をさせてくれました。それからスーパーモデル時代が来て、'90年代後半には美容の世界も成熟、女性誌の美容ページが増えて、美容専門誌が創刊されたり。この頃はね、メイクのHOW TOを紹介するというより、嶋田ちあきのメ

'07 講談社「VoCE」11月号
撮影・SHITOMICHI

'07 ハースト婦人画報社
「25ans ウエディング」7月号
撮影・角田修一

'08 講談社「VoCE」5月号
撮影・SHITOMICHI

'07 講談社「VoCE」6月号
撮影・SHITOMICHI

'09 講談社「VoCE」3月号
撮影・SHITOMICHI

'08 講談社「VoCE」5月号
撮影・SHITOMICHI

Chiaki Shimada
嶋田ちあき

'08 講談社「VoCE」12月号　撮影・富田眞光

'09 小学館「美的」2月号　撮影・富田眞光

ブレずにこだわる。
そんなメイクのスタイルは変わらない。

イクを見せてほしい、というような企画が多くて、"かわいい"モデルをボーイッシュにメイクしたり、メイクで"へぇっ"て驚かせる、そんな提案が人気でした。

　ここで紹介しているものは、'90年代後半から最近までのビューティの作品だけど、僕の好みっ てはっきりしてますね。とくに肌づくり。ピンク白肌系の"かわいい"より、やゝダークな"かっこいい"系の提案が多い。僕は外国人女性のちょっぴり日焼けしたようなタンスキンが、すごくオシャレでモードだと思うからなんです。

　肌づくりに関しては、昔からほんとうにブレが

'09 ハースト婦人画報社「25ans」5月号
撮影・富田眞光

'09 講談社「VoCE」9月号
撮影・八木 淳

'09 講談社「VoCE」11月号
撮影・SHITOMICHI

'09 光文社「美ST」12月号
撮影・八木 淳

'10 世界文化社「家庭画報」1月号　撮影・下村一喜

'12 講談社「ノバリエ」4月号
撮影・八木 淳

'12 ハースト婦人画報社
「25ans」4月号
撮影・SHITOMICHI

ない。その人が持つ湿度や、肌のハリ感みたいなものを大事にしたいので、生っぽさが残る、健康的で素肌っぽい仕上がりを常に追求しています。だから下地やファンデの色、質感にかなりうるさい。こだわりすぎて、ベースメイクブランド「ブリアージュ」を作ってしまったくらいですから（笑）。カメラマンからもよく"嶋田さんがつくる肌は、修整が要らない"って言われます。トレンドは変わっても"肌力"は不変だと思うし、その人の魅力を引き出すメイクを追求する中で、僕のスタイルの芯の部分は、これから先もずっと、変わらないんだと思います。

嶋田ちあき×濱田マサル

TOP ARTISTS BEAUTY TALK

"メイクアップアーティスト"という地盤を築き、ビューティの可能性に挑戦し続ける、ふたりのアーティストのプライベートトークが実現。研ぎ澄まされた感性が軽やかに交差するルーム「THE BORDERLINE」へようこそ。

CHIAKI SHIMADA × MASARU HAMADA

濱田マサル
スリーピース所属。通称「マチャルメイク」で人気。ファッション&ビューティ誌でモデルやタレントからの指名も多く、雑誌、広告、イベント等、多方面で活躍。著書も多数。個人アトリエblanche étoile主宰の「鱗塾」が話題。
www.blanche-etoile.com

"マサルの成長過程が楽しみだった"（嶋田）

メイクアップの価値感を大きく変えた嶋田ちあきのメイク観とは？

（濱田：マに省略） 僕が嶋田さんと初めて会ったのは、嶋田さんのアシスタント募集の面接のとき。生・嶋田ちあきを見たのは、松田聖子さんのコンサート会場で。大阪城ホールの駐車場から出てくるところ（笑）だったんです。

（嶋田：嶋に省略） 見られてた（笑）。でも初めて会ったのは、アシスタント採用試験の面接で。

マ： ずっと聖子さんのファンで、ときどき聖子さんのPVにメイクアップアーティストが登場するんですが、それが嶋田さんだった。僕が中学校3年生くらいのときで、その頃からメイクの仕事を意識するように。面接に行ったのは19歳のときでした。

嶋： 僕が一般の人向けのメイクスクールをはじめた頃で、アシスタントを探してたんだよね。

マ： 『Make up Magazine』（学研）という美容誌で、募集記事をみつけたんですよ。

嶋： よく覚えてるね。そのときのこと、僕よりマサルのほうが詳しく知ってる。

マ： そうですよ（笑）。20年も前だったけど、緊張！みたいな感覚、忘れてないですから。結局、受からなくて、小さなサロンにアシスタントとして採用されて美容の世界に入ったんですが。'80年代、嶋田さんが第一線でバリバリ活躍してたの、ファンとして全部見てました。聖子さん→嶋田さん。これが僕の美容の世界へのルートだったんです。

嶋： 再会したのは、マサルが現在の事務所に所属してから。でも、モデルさんを通じてマサルの情報はいろいろ入ってきてた（笑）。普段、ほかのヘアメイクさんのお仕事ってぜんぜん見ないんだけど、僕をきっかけにメイクの世界に飛び込んできたって知ってるから、マサルの仕事は別。機会があれば、必ず見てました。"あ、うまくなってきたな。また、うまくなった、頑張ってるな"っていう感覚。成長過程が楽しみだったし、僕にはない世界をちゃんと確立しているから、すごいなって思ってた。

"嶋田さんそのものが、メイクの世界に入るきっかけ"（濱田）

大好きなメイクアップを伝えるために選択した、新たな道

嶋：でもね、そんな提案を続けていたにもかかわらず、一般の女性たちからは、"どう使いこなせばいいんですか"とかテクニックが知りたいという声が多くて。1995年にメイクレッスンの教室をはじめたんだ。そのきっかけは、ある雑誌の企画。メイクのHOW TOをコマ送りで解説するものだったんだけど、担当者に「これでわかる？」って聞いたら、「わかりません」って（笑）。じゃあ、ってことで、月に2、3度、一回30人のメイクレッスンをスタートさせたんだよね。

マ：一回で30人？ たいへん！

嶋：当時は、そういう場所も少なかったから、評判が評判を呼んで、1000人ぐらいが予約待ち、みたいな状態に。現在はスクールと

マ：気恥ずかしい〜。

嶋：僕は、女の子を女の子としてとらえてないメイクなんだけど、マサルは女の子が持っている、"究極の女の子"を引き出すのが上手。単にかわいい、という表現のメイクとはちょっと次元が違う。

マ：僕は嶋田さんのメイクで育ってきているので、あまりにも自然なことで、分析したことがないんです。でも、最初はすっごく真似したんですよ。真似て真似て……。でも、同じものを同じように使っても同じにならないし、越えられない。自分なりの表現ができるようになったのは、仕事をはじめて4、5年くらいたってから。嶋田さんのメイクは、僕のメイク人生の"道しるべ"みたいなものなんです。

嶋：マサルが見てくれていたのは、美容誌が誕生して、美容をきちんと伝えられるようになった時代。

マ：そうなんです。嶋田さんや藤原美智子さんみたいなトップアーティストが、女性誌でメイクページを提案するというスタイルをつくってくれたので、僕たちは苦労せず、ビューティの道に入ってこれた。

"メイクレッスンをはじめたのは、誌面を見てもわからないって聞いたから"

> "真似て真似て、
> でも越えられない。
> それで自分のスタイルが
> みつかった"

教えてっていう人が多かったし、コスメフリークみたいな女性がたくさんいた。最近は、目的も意識も変わってきていて、自分の美しさをナチュラルに表現する方法を探している人が多いね。

マ：僕のレッスンに申し込んでくる人は、"私、大丈夫ですか？"って。似合うものが何かさえわからないという人が多い。何がダメで何が似合っているのかを的確に教えてほしいって。若い世代は受け身の人も多くて、教えることの難しさを痛感してます。

嶋：確かに、時代的に目的意識や感覚そのものが大きく変化してる。とくに、プロになりたい人たちの"挑戦"より"安定"みたいな傾向は、懸念材料だね。

時代が求める女性像を提案するアーティストの使命

嶋：プロのヘアメイクとしては、時代の中で求められる女性像を、これからもずっと提案していきたいと思ってるんだ。とくに、時代を牽引する女性の顔。時代によって変化していく女性像を、先読みしながらメイクアップで具現化する、その手伝いができたらいいな、と思ってる。

して態勢が整ったけど、現場の仕事とは別に、一般の人にメイクアップを教えるというのは、これがきっかけだったんだよね。

マ：僕も、最近「鱗塾」というメイクレッスンをはじめたんですが、僕はひとりなので、10人がマックス。一般の人にメイクを教えようと思ったのは、アーティストは仕事を待っているだけではいけないなって思ったから。雑誌のメイク企画など、用意されたものに依存するんじゃなくて、自分発信で何ができるのかって考えたときに辿り着いたのが、一般の方に直接メイクアップを教えること。媒体を通さずに、ダイレクトに伝えることの大切さに改めて気づいたというのがほんとうです。

嶋：僕がレッスンをはじめた時代は、情報先行でテクニックがわからないから、とにかく技術を

"僕の使命は、時代が求める女性像を提案していくこと"（嶋田）

マ：僕は、ヘアメイクアップアーティストという仕事から、新しい可能性を感じてもらえるように努力していきたい。そのために、ヘアメイクの仕事はもちろん、文章やレッスンなどさまざまな形でメッセージできればうれしいけれど。嶋田さんたちが築いてきた"道"を、僕たちが次へ伝えられているのかどうかは、課題が残ってると思います。

嶋：僕自身はそんな"道"をつくろうと意識してきたわけではなくて。どんな女性像が求められているのかという課題をメイクアップで提示するのが、使命だと思ってたから。今は、ヘアメイクという仕事を通して表現しているけど、この先はわからないよ（笑）。

マ：僕も近い！ 自分の感覚を表現できる場があるならヘアメイク以外にも挑戦してみたいし、美しいものをつくるクリエーションに関わっていたい。

嶋：美しいメイクアップは絶妙なバランスから成り立っていて、すべての美しいものには美しいバランスがある。その軸がぶれなければ、表現する場所は、顔だけじゃなくてもいいんじゃないかな。

マ：どんな場所でも、嶋田さんがあと30年、現役でやってくれれ

ば、僕の可能性も見えてくる（笑）。でも、活気のある美容業界のためには、嶋田さんたちにこれからも先頭きって頑張っていただきたい。

嶋：無難というのが一番嫌いで、時代が変われば自分も変わらなきゃいけないと思ってる。メイクアップ提案もそうだし、美の価値感もいろいろあっていい。だから、この本を手にとってくれた人が明日がらりと変わっていたら、とてもうれしいことだね。

マ：メイクアップはファッションだし、生き方そのものだから。僕もそう思います。

嶋：自分探しでもあるね。自分の魅力も美しさもひとつじゃないって。そんな気づきがあればいいし、伝える側の僕自身もどんどん変化していきますよ。

"活気ある美容業界のために頑張っていただきたい（笑）"（濱田）

CHIAKI'S 名品美術館

嶋田ちあきの生涯コスメ　17の秘密

なめらかにのびて瞬時に肌と一体化。つややかな透明フィルムヴェールをまとったような肌に仕上げる化粧下地。メイクアップベース フェイスレスポンサー SPF25/PA++ 33g ¥4515／ブリリアージュ

4色2質感で、シミやくすみなどの気になるトラブルを解決するコンシーラーパレット。パレットコンシーラー プロフェッショナルパフォーマンス ソフト&ハード10 ¥5565／ブリリアージュ

BASE MAKEUP

「下地に求めるすべての条件を満たしているのが、フェイスレスポンサー。まず、僕が理想とする、お風呂上がりの肌のような透明感、そして美しいキメ、ピンとしたハリ感、そして潤い感。これをひと塗りでできるものが欲しかったんですが、これは肌も人も選ばない自信作です。そしてコンシーラーもこだわりの一品。シミやくすみ、血管、くまも肌の凹凸も隠せる色と質感を厳選しているから。誰もがつるんときれいな肌になれる2品です」

数多あるコスメの中から、トップアーティストのメイクアップボックスに入るものとは？
"これがなければ、僕のメイクは完成しない"、まるで見えない絆さえ存在する、
嶋田ちあきのメイクを支える17の名品ガイド、初公開。

BEAUTY GEAR

「このコットン、シンプルで肌触りがいいんです。そして大きさ。普通のコットンだと僕の指が出ちゃうんだけど、ちゃんと指が全部隠れるから、きちんとオフしたり与えたりがスムーズ。僕のまわりの女優さんたちもみんな使ってますね。
そしてこの特大スポンジ。これは4分割して、角を面とりしてから使うんです。肌あたりがいいし、ファンデなど余分なものをすっと吸収してきれいにならしてくれます。目尻などの細かい部分にもぴたっとおさまりますよ」

エステティックサロンでも使用されている、上質な肌触りのプロ用コットン。指先が出ない大判サイズ。整肌美顔用コットン ラージサイズ（60×80mm）500枚入り ¥1470／滝川　プロの間でも愛用者の多い、弾力に優れたメイクアップスポンジ。通常はカットして使用。ファンデーションスポンジ（超特大）NR-5507 ¥577／シャロン

BEAUTY GEAR

「もう何個使ったかわからないほど。僕がメイクの世界に入ったときからずっと愛用しているのがこのビューラー。カーブがどんな目の形にも合いやすいのと、ゴムに弾力感があって、カールのニュアンスがつけやすい。撮影時は失敗が許されないから必ずこれです。
そしてシャロンのパフは、指がすっぽり入って安定感があるのがいい。これも僕がデビューしたときからあるけど質が良くなった。どちらも変える必要がないほどの完成度です」

指がすっぽり収まるデザインで、パフ面はナチュラルな肌触りのコットン素材。ピュアビューティフル NO.303 フェイスパウダー用パフ グローブ式（大型）¥315／シャロン　まぶたの丸みにフィット、操作しやすい設計でプロの間にもファンの多い永遠のロングセラー。アイラッシュカーラー 213（替えゴム1コつき）¥840／資生堂

EYE LINER

「ボビイのジェルアイライナーは発売以来、ずっと愛用してます。他のジェルアイライナーもいろいろ試したんですが、結局戻っちゃう。その理由は黒の発色が濃いから。自然なツヤもあって乾いたときに粉落ちしないし、にじみにくいのにぼかしやすい。ジェルの質感が優秀なんです。
ディオールは、ウォータープルーフという点と、皮膚にぴたっと密着したままかすれることなくラインが決まる。そして、黒の深み。発色が違います」

濃密ジェルは、にじみにくいウォータープルーフ処方で美しいラインも自在。ロングウェア ジェルアイライナー 01¥2940 同ウルトラファイン アイライナー ブラシ ¥3150/ともにボビイ ブラウン

100％ノースマッジでウォータープルーフ。ディオール ショウ ライナー ウォータープルーフ 098 ¥3045/パルファン・クリスチャン・ディオール

EYEBROW&LIP

「ローラのアイブロウパウダーは、まず粒子が細かい。ふわっとつくのに粉飛びせず、定着もいいんです。さらにぼかしてもムラのない仕上がりで、もうずっとこればかり。粉がちゃんとプレスされていないものは、筆にとるだけで粉がポロポロ飛ぶけど、これはそんな心配もいりません。そしてM・A・Cの口紅。肌色が悪く見えるようなベージュが多いなか、これはくすまず、モード感を残したままクールにキマる、定番色です」

水あり水なし両用可能なアイブロウパレット。2色は、自然な眉を自在に演出できるカスタムメイド設計。応用のきくディープブロンドは嶋田さんのお気に入り。アイブロウパウダーデュオ ディープブロンド ¥3675/ローラ メルシエ

肌なじみのいい赤みを含んだクリーミーな仕上がりのベージュ。リップスティック クリームドゥヌード ¥2940/M・A・C

嶋田さんのこだわりが凝縮した珠玉のファンデーションブラシ。少量でも均一な仕上がりに。ファンデーションブラシ ¥5460／ブリリアージュ

スリムなシェイプのフェイスブラシは、細かいパーツにもぴたりと対応。フェイスブラシ S ¥3780／THREE

口紅をたっぷり含ませることができる毛質と幅広設計がほかにない魅力。リップブラシ ¥2940／ブリリアージュ

BRUSH

「ブリリアージュのファンデーションブラシはナイロンと天然毛のミックスで、筆がぱっくり割れたりもしないし、コシがあるのに柔らかい。何十回も作り直したこだわりの筆です。リップブラシは通常のものより1.5倍くらい幅広で、口角から中央まで一気に引けるよう設計。弾力もあるし輪郭がぶれません。
THREEはハイライト用。形状的に、目頭の下の三角ゾーンへのおさまりがいいんです。毛質もいいしコシもあって理想的」

深みのあるあらゆるニュアンスを含んだ
黒の、シリコンジェルアイカラー。上質で
贅沢な仕上がりを約束。イリュージョン ド
ンブル 85 ¥3885／シャネル

ブレンド、グラデーション、ぼかしも自在。グラマ
ラスにはじけるような輝きを再現する一色。
プレスド アイシャドー G909 ¥1890
カスタムケースI ¥315／シュウ ウエムラ

EYE COLOR

「モード系のアイメイクのときに活躍するのが、シャネルの85。クリーム系のものってヨレやすいんですが、これはムラに
ならず薄いぼかしも、濃いぼかしも完璧にきまる。ホログラムのようなキラキラとした輝きも繊細で上質、ほんとうにキレイ！
シュウのシルバーのプレストは、輝きを重ねたいときに重宝する一色。単色で使ってもピュアでかわいいし、妖精みたいな
印象に。オーソドックスなカラーほど上質な輝きと質感が大事ですね」

MASCARA

「昔、ヘレナのヴァティジニアスというマスカラがあって、それが大好きで、以来ヘレナのものは欠かさずチェックしてますね。ヘレナのマスカラは、速乾性に優れているのにカール戻りがないんです。つまりは、仕上げたまつ毛のカールが曲線を描いたまま伸びないってこと。パリパリしないし、ワックスとブラシの相性がいい。コブラはまつ毛の根元のひっかかりがいいし、スペクタキュラーも繊細ロングでカール戻りがないんです」

黄金比率の108度カールと、長さ40％プラスを実現する、ロングセラーマスカラ。スペクタキュラー エクストラ カール WP 01 ¥4410／ヘレナ ルビンスタイン

個性的なコブラヘッドブラシが、まつ毛の根元からリフトアップ。圧倒的なボリューム感を持続させる人気マスカラ。ラッシュ クイーン コブラブラック WP 01 ¥4410／ヘレナ ルビンスタイン

衣装協力

P8-9
エコデコ/BEAMS JAPAN
03-5368-7302
25 JANVIER PARIS AOYAMA
03-3407-0217
Levi's® Made & Crafted™ / Levi's® XX
03-6418-5501
J&M DAVIDSON / Store Room
03-5772-2317
AHKAH / AHKAH神南本店
03-3463-0222

P10-11
ローレン モファット、ベネリ /ともに BEAMS JAPAN
03-5368-7302

P12-13
ソブ/フィルム
03-5413-4141
PHILLIPPE FERRANDIS / H.P.France exclusive
03-3404-3288

P14-15
シューマッハ / サン・フレール
03-3265-0251
Shaesby / Shaesby新宿伊勢丹本店
0120-62-4377

P16-17
DOUBLE STANDARD CLOTHING/ フィルム
03-5413-4141
MURUA
03-5447-6543
ロイヤルオーダー/ロイヤルオーダー伊勢丹新宿店
03-3368-0399

P18-19
DOUBLE STANDARD CLOTHING/ フィルム
MURUA
MARCOMONDE / OPTRICO
03-6805-0392

Dear Layla by blondy / blondy LUMINE2店
03-6273-2061
ロイヤルオーダー/ロイヤルオーダー伊勢丹新宿店
J&M DAVIDSON / Store Room

P46
Language / Language 六本木ヒルズ店
03-5771-7100

P47
navasana / ナバアサナ 二子玉川ライズ S.C. 店
03-6805-7041
コレットマルーフ / ギャップインターナショナル
03-3499-0077

P66
Planche / アトリエ染花
03-3499-6820

P67
CHERIE / PANACHE
03-3498-0580

P69
ソニアレネ / スタジオ サンパティック
03-3499-5054

P94-95
SLY / バロックジャパンリミテッド
03-6415-3256

P96-97
1/2Un-Demi
03-5768-6136

P98-99
ソブ / フィルム
MOROKO BAR / MOROKO BAR六本木ヒルズ店
03-3470-1065
ロイヤルオーダー/ロイヤルオーダー伊勢丹新宿店

コスメ協力

RMK Division　0120-988-271
アディクション ビューティ　0120-586-683
アナ スイ コスメティックス　0120-735-559
アネックスジャパン　03-3463-6281
イヴ・サンローラン・ボーテ　03-6911-8563
イプサお客様窓口　0120-523-543
エスト　0120-165-691
エレガンス コスメティックス　0120-766-995
貝印　お客様相談室　0120-016-410
カネボウ化粧品　0120-518-520
クリニーク　お客様相談室　03-5251-3541
ゲランお客様相談窓口　0120-140-677
コージー本舗　03-3842-0226
コーセー　0120-526-311
コスメデコルテ　0120-763-325
資生堂お客様窓口　0120-304-710
シャネル カスタマー・ケア・センター（香水・化粧品）
0120-525-519
シャロン　072-976-1101
シャンティ　03-5212-3761

シュウ ウエムラ　03-6911-8560
SUQQU　0120-988-761
THREE　0120-898-003
滝川　03-3845-2111
ディー・アップ　03-3479-8031
パルファム ジバンシイ(LVMHフレグランスブランズ)
03-3264-3941
パルファン・クリスチャン・ディオール　03-3239-0618
ブリリアージュ　0120-202-885
ヘレナ ルビンスタイン　03-6911-8287
ボビイ ブラウン　03-5251-3485
ポール&ジョー ボーテ　0120-766-996
M・A・C(メイクアップ アート コスメティックス)
03-5251-3541
メイベリン ニューヨーク お客様相談室　03-6911-8585
ランコム　03-6911-8151
リンメル　0120-878-653
レ・メルヴェイユーズ ラデュレ　0120-818-727
ローラ メルシエ　0120-343-432

STAFF

ヘア&メイク	嶋田ちあき
撮影	八木 淳（SIGNO）　山口恵史
スタイリング	後藤仁子
モデル	イーラン　森 絵梨佳　永江杏奈
構成・取材	安倍佐和子　小池菜奈子
アートディレクション	千原徹也（れもんらいふ）
ブックデザイン	大脇初枝（れもんらいふ）
校正	山根隆子
協力	vierge
	SCMA Shimada Chiaki Makeup Academy
	BRILLIAGE

嶋田ちあき　Chiaki Shimada

ヘア＆メイクアップアーティスト　ヴィエルジュ主宰
1979年よりTV、広告、雑誌などの幅広いメディアで活動を続け、日本のビューティ界を牽引。高いモード性と、その人本来の個性を引き出すバランス感覚で、女優やモデルからのリクエストも多い。プロのアーティストを育成する「嶋田ちあきメイクアップアカデミー」を開講し、多くのプロを輩出。自身が手がけたベースメイクブランド「BRILLIAGE」も好評だ。
www.shimadachiaki.jp
www.shimadachikai.ac
www.brilliage.jp

CHIAKI SHIMADA MAKEUP DRILL
嶋田ちあきのメイクアップドリル
SWEET⇔COOL
自由自在

2013年2月7日　第1刷発行

著者　嶋田ちあき
発行者　石﨑孟
発行所　株式会社マガジンハウス
〒104-8003　東京都中央区銀座3-13-10
受注センター　☎049-275-1811
書籍編集部　☎03-3545-7030
印刷・製本所　凸版印刷株式会社

©2013,CHIAKI SHIMADA　Printed in Japan
ISBN978-4-8387-2518-2　C5077

乱丁本、落丁本は購入書店明記のうえ、小社製作部宛にお送りください。
送料小社負担にてお取り替えいたします。但し、古書店等で購入されたものについてはお取り替えできません。
定価はカバーと帯に表示してあります。

本書の無断複製(コピー、スキャン、デジタル化等)は禁じられています(但し、著作権法上の例外を除く)。断りなくスキャンやデジタル化することは著作権法違反に問われる可能性があります。

マガジンハウス　ホームページ
http://magazineworld.jp/